Minibrunnen
und Miniteiche

Philip Swindells

Minibrunnen
und Miniteiche

Neue Ideen, einfache Bauanleitungen,
Pflanzen- und Materiallexikon

Bechtermünz

Erstmals veröffentlicht 1998 unter dem Titel
Container Water Gardening
von Quarto Publishing plc
The Old Brewery
6 Blundell Street
London N7 9BH
England

Wichtiger Hinweis
Der Verlag hat größte Mühe darauf verwandt, dass alle Angaben in
diesem Buch richtig sind. Jedoch kann der Verlag keinerlei Haftung für
Verletzungen, Verluste oder andere Schäden übernehmen, die aufgrund
abweichender Ausgangssituationen, durch das Werkzeug oder aufgrund
individuellen Verhaltens aus den Informationen dieses Buches entstanden
sind.

Deutsche Erstausgabe

Copyright © der deutschen Übersetzung und Ausgabe 2001
by Verlagsgruppe Weltbild GmbH, Augsburg
Lektorat und Redaktion: Ulla Weinberg, Mary Flower, Gwen Rigby
Design: Vicki James
Layout und Satz: Elisabeth Healey, Suzanne Metcalfe-Megginson
Fotografie: Ian Howes, Jon Wyand
Illustrationen: David Kemp, John Woodcock
Bildredaktion: Gill Metcalfe, Christine Lalla
Art Director: Moira Clinch
Assistenz Art Director: Penny Cobb
Koordination und Bearbeitung der deutschen Ausgabe:
Neumann & Nürnberger, Leipzig
Übersetzung: Dr. Beate Herting, Leipzig
Umschlaggestaltung: Paetow & Fliege, Augsburg

Printed in Italy

ISBN 3-8289-1614-7

Inhalt

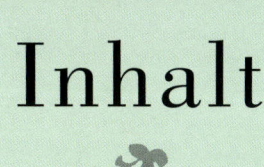

Primula beesiana

Einführung

Wasser ist eines der schönsten Elemente im Garten. Sei es ein stiller Teich, in dem sich die Umgebung spiegelt, oder ein murmelnder Brunnen – Wasser im Garten fasziniert Jung und Alt gleichermaßen. Und im Gegensatz zu früher können sich heute alle daran erfreuen, denn mittlerweile ist die Wassergärtnerei nicht mehr an das Vorhandensein eines großen Gartens und einer gut gefüllten Geldbörse gebunden.

Die Einführung neuer Materialien für Gartenteiche, wie z. B. Ethylen-Propylen-Dien-Ter-Polymer (EPDM) und Glasfaser, hat die Wassergärtnerei revolutioniert. Auch Pumpen und Filter sind inzwischen viel kleiner und unkomplizierter zu betreiben als früher. Heute brauchen Sie keine großen Pumpen und hässlichen Pumpengehäuse mehr, wenn Sie einen Brunnen oder Wasserfall anlegen wollen. Legen Sie einfach eine kleine, leistungsfähige Tauchpumpe in das Wasser und schon kann es losgehen.

Diese neuen Produkte machen auch kleinere Anlagen möglich, sodass Sie selbst im kleinsten Garten, auf der Terrasse oder auf dem Balkon nicht auf Wasser verzichten müssen. Zur Bepflanzung eignen sich in solchen Fällen Zwerg-Wasserpflanzen. Wasser im Garten ist also mittlerweile wirklich etwas für alle, und es muss keinesfalls immer ein Teich sein. Behälter-Wassergärten sind groß in Mode, praktisch und in vielfältiger Weise zu gestalten. Da sie nicht viel Pflege brauchen, eignen sie sich besonders für Menschen mit wenig Zeit. Sie sind schnell angelegt und oft sogar transportabel. Doch wie bei allen Gartenpflanzen müssen Sie den Pflanzen natürlich die Zeit lassen, die sie zum Wachsen brauchen.

Ein Behälter-Wassergarten sieht im Freien im Winter meist nicht gut aus. Im Gegensatz zu großen Gartenteichen, die so angelegt werden können, dass sie sogar nach dem Absterben der Pflanzen noch ansehnlich sind, haben Behälter-Wassergärten zu wenig offene Wasserfläche um diesen Effekt zu erreichen. Sie ähneln Kübeln und anderen Behältern mit blühenden Pflanzen, die im Frühjahr und Sommer den reinsten Augenschmaus bieten, vor dem Winter aber entsorgt oder weggeräumt werden.

Der Vorteil eines Behälter-Wassergartens ist seine Vielseitigkeit. Sie können fast alles umsetzen, was Sie sich vorstellen – von elegant fließendem Wasser bis hin zum verkappten naturbelassenen Teich. Wenn der Behälter gut ausgewählt wird, kann er zum integralen Bestandteil der Gesamtanlage werden. Die Holländer, die ja bekanntlich meisterhafte

Nymphaea 'Aurora'

Gärtner sind, verwenden mit Vorliebe so genannte „mobile Gärten", das sind Behälter, die bewegt und je nach Belieben verändert werden können. Die Pflanzen wachsen in kleineren Töpfen, die aus dem großen Behälter genommen werden können, wenn die Pflanzen verwelkt sind und das Ganze aufgefrischt werden muss. Als Ersatz dienen dabei neue Pflanzen der gleichen Art oder – wenn man es abwechslungsreicher mag – andere Arten. Solche Arrangements und die Möglichkeit, diese ständig zu verändern, machen mobile Gärten zu etwas aufregend Neuem, vor allem für Gärtner, die kahle befestigte Flächen in ihrem Garten haben und diese gern in attraktive Pflanzenstandorte verwandeln möchten.

Für Wasser im Behälter gibt es die vielfältigsten Gestaltungsmöglichkeiten, von Miniaturland-

IN GRÖSSEREN BEHÄLTERN KÖNNEN AUCH FISCHE UNTERGEBRACHT WERDEN, sie sollten jedoch im Herbst herausgenommen werden. Die Wassermenge ist nicht groß genug, sodass sie den Winter nicht überleben würden.

BAMBUS-KREATIONEN reichen von tropfendem Wasser über bewegliche Rinnen bis hin zu orgelpfeifenartig angeordneten aufrechten Rohren, aus denen sich Wasser ergießt.

Zantedeschia elliottiana

schaften bis zum Geysir, der aus einem Berg aus Kieseln aufsteigt. Praktisch kann jeder wasserdichte Behälter dafür eingesetzt werden. Im Gartenfachhandel gibt es ein großes Angebot an fertigen Wasserelementen, die nur noch installiert und angeschlossen werden müssen, bevor sie ihre Wirkung entfalten können. Diese fertigen Teile und Sets sind meist von guter Qualität, zuverlässig und robust. Wenn Sie selbst kreativ werden wollen, verzichten Sie sicher auf vorgefertigte Teile. Sie werden feststellen, dass es unzählige Möglichkeiten zur Schaffung einzigartiger Wasserelemente und -gärten gibt.

Wenn Sie trotz begrenzten Platzangebots nicht auf bewegtes Wasser verzichten wollen, können Sie ein flexibel einsetzbares Brunnen-Set kaufen. Diese Brunnen werden meist an einer Wand angebracht. Neben dem Becken und dem Wasserspender gehört dazu auch eine kleine Pumpe. Das Ganze muss nur noch an die Wasserleitung angeschlossen werden. Eine ganze Reihe dieser Brunnen kann auch in geschlossenen Räumen eingesetzt werden, draußen sind meist etwas anspruchsvollere Konstruktionen im Einsatz. Der große Vorteil eines solchen bescheidenen Brunnens ist, dass er dem Garten zu bewegtem Wasser verhilft, keine Pflanzen oder Fische benötigt und eines der wenigen Wasserelemente ist, deren Standort auch im Schatten liegen kann.

In Gärten des Fernen Ostens und des Orients haben kleine Wasserelemente eine lange Tradition. Viele Anregungen, vor allem für Brunnen, haben deshalb ihren Ursprung in diesen Regionen. Mühlsteine, durch die Wasser sprudelt, gehen auf eine traditionelle orientalische Gestaltungsidee zurück und Bambus, der in den westlichen Ländern zurzeit sehr populär ist, wird in Japan schon seit langem für Wassergärten eingesetzt. Der beliebteste japanische Brunnen ist der traditionelle *Shishi-Odoshi*, der aber auch bei uns zum Blickfang im Garten werden kann.

Planung und Gestaltung

Obwohl Behälter-Wasserelemente ziemlich klein sind, müssen sie doch sorgfältig geplant werden, wenn sie von praktischem Nutzen und schön anzusehen sein sollen. Auch ihr Standort im Garten ist wichtig. So schön ein Element auch im Einzelnen bepflanzt sein kann, entscheidend ist immer, dass es sich in die Gesamtanlage des Gartens einfügt. Das ist vor allem dort zu beachten, wo der Behälter nicht so leicht umzustellen oder gar in den Boden eingelassen ist.

BEPFLANZEN SIE SPARSAM. Die Wasserfläche selbst muss auch noch zur Wirkung kommen.

Auf jeden Fall muss man sich darüber im Klaren sein, dass ein Behälter-Wassergarten nur selten sich selbst überlassen werden kann und dass es so gut wie unmöglich ist, darin ein natürliches Gleichgewicht herzustellen. Beim Bepflanzen müssen Sie deshalb immer daran denken, dass der Behälter in regelmäßigen Abständen geleert werden muss. Aus diesem Grunde müssen sowohl die Position des Wasserelements als auch die Bepflanzung sorgfältig durchdacht sein.

Unabhängig von Typ und Machart sollte ein Wasserelement immer an einem vollsonnigen Standort platziert werden, da die meisten für die Wassergärtnerei geeigneten Pflanzen Sonne zum Gedeihen benötigen. Es hat nicht viel Sinn, ein Wasserelement an einem nicht besonnten Platz unterzubringen – eine im Schatten tanzende Fontäne macht optisch nicht viel her.

EIN ABGESCHLOSSENES WASSERELEMENT mit Randbepflanzung.

Ansonsten ist die Gestaltung von Wasserelementen im Garten natürlich ganz Ihrem persönlichen Geschmack überlassen. Kleine Teiche und Kübel sind am attraktivsten, wenn man sie von nahem betrachtet, es ist also sinnvoll, sie in der Nähe von Sitzflächen unterzubringen. Wenn Sie bewegtes Wasser bevorzugen, sollten Sie einen windgeschützten Standort wählen, da das Wasser einer Fontäne sonst von Windböen weggeblasen wird, was für alle, die in der Nähe sitzen oder arbeiten, unangenehm werden kann. Ein dem Wind ausgesetzter Brunnen ist auch arbeitsaufwändiger, da er ständig nachgefüllt werden muss. Sonst besteht die Gefahr, dass die Pumpe trocken- und heißläuft.

Ein Vorteil der Behälter-Wassergärtnerei wird nur selten erwähnt: Sie bietet Pflanzenenthusiasten die Möglichkeit, ungewöhnliche Arten und Sorten zu pflanzen, die im übrigen Garten nicht gedeihen würden. So bietet z. B. ein mit Sumpfpflanzen bestückter wasserdichter Blumenkasten, der immer ausreichend gewässert wird, einen faszinierenden, farbenfrohen Anblick, den sonst nur genießen kann, wer einen richtigen Sumpfgarten besitzt.

Die meisten Gärtner bevorzugen Wasserelemente für das Freiland, da diese viel leichter zu managen sind, vor allem wenn sie bepflanzt sind. In Innenräumen und bei wärmerem Klima können Sie tropische Pflanzen einsetzen. Da die meisten tropischen Pflanzen aber sehr groß werden und viel Platz benötigen, sollten Sie bewusst kleine und anspruchslose Sorten wählen. Wenn Sie Pflanzen in einem Behälter arrangieren, sollten Sie daran denken, dass das Wasser auch für sich genommen wirkt. Pflanzen Sie nie so dicht, dass nichts mehr vom Wasser zu sehen ist, es sei denn, Sie wollen einen Sumpfgarten haben.

Wenn Pflanzen ein integraler Bestandteil eines Elements sein sollen, müssen sie von Anfang an in die Überlegungen einbezogen werden. Um zu gedeihen brauchen die meisten von ihnen einen sonnigen Standort. Nur einige der krautigen Unterwasserpflanzen können in Kies verwurzelt existieren, alle

anderen, mit Ausnahme der auf der Oberfläche schwimmenden, müssen in Wasserpflanzenerde gepflanzt werden. Einigen Pflanzen reicht eine kleine Menge Wasserpflanzenerde aus, andere müssen aber genauso behandelt werden wie Pflanzen, die in einem herkömmlichen Teich wachsen: Sie brauchen ausreichend große Pflanzkörbe und eine entsprechende Menge Erde.

Wenn Sie Schwierigkeiten mit dem Bepflanzen des Wasserbehälters haben, sollten Sie eine Randbepflanzung in Erwägung ziehen. Es ist oft einfacher, den Wasserteil des Elements so zu gestalten, wie Sie sich das vorstellen und ihn dann in einen anderen wasserdichten Contai-

HELLES LICHT verstärkt die Wirkung von Wasser im Garten, vor allem, wenn es sich bewegt.

Hosta fortunei 'Gold Standard'

ner zu setzen, der dann bepflanzt wird. Solche Arrangements ergeben oft einen harmonischeren, weniger gedrängten Anblick.

Fische sind zwar auch in Behälter-Wassergärten ein schöner Anblick, bei kleinen Becken und Kübeln ist aber große Vorsicht geboten. Fische benötigen eine ausreichend große Wasserfläche, um genügend Sauerstoff zum Atmen zu haben, und eine bestimmte Wassertiefe, um sich vor Überhitzung zu schützen. Nur sehr große handelsübliche Fässer oder Eigenkonstruktionen sind so tief und, was noch wichtiger ist, haben eine so große Oberfläche, dass Fische ohne Risiko eingesetzt werden können. Wasser, das ständig in Bewegung ist, liefert Fischen immer genügend Sauerstoff, es grenzt jedoch an Tierquälerei, sie in unaufhörlich schäumendem und sprudelndem Wasser zu halten.

Unbepflanzte Wasserelemente, bei denen der Akzent auf dem beruhigenden Geräusch und dem visuellen Effekt des Wassers liegt, sind oft eine gute Alternative, die zudem so gut wie keine Pflege braucht. Wo das Wasser die Hauptrolle spielen soll, müssen Sie Ruhe, Reflexion, Bewegung, Farbe und Klang in Ihre Überlegungen einbeziehen. Wenn es sorgfältig geplant wird, kann ein Wasserelement all diese Eigenschaften in einen Garten bringen. Dafür, wie das konkret erreicht wird, gibt es unzählige Möglichkeiten, genauso wie für die Elemente selbst. Das Wasser kann tröpfeln, fallen, fließen oder sprühen. Bewegtes Wasser kann die unterschiedlichsten Wirkungen erzielen, nicht nur was den Klang, sondern auch was das Licht betrifft: Sowohl bedeckter Himmel als auch heller Sonnenschein können eine wichtige Rolle spielen. Sie sollten also alle diese Merkmale in die Planung Ihres Wasserelements einbeziehen.

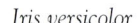

Iris versicolor

Von der Planung zur Realität

Es können die verschiedensten Behälter benutzt, abgewandelt oder kreiert werden, wenn man ein Wasserelement herstellen will – die einzige Grenze setzen Fantasie und Kreativität. Werden Pflanzen und Fische eingesetzt, gibt es ein paar Beschränkungen, doch ansonsten ist alles möglich, vorausgesetzt die Konstruktion funktioniert wie geplant.

WENN EIN CONTAINER WASSERDICHT IST oder wasserdicht gemacht werden kann, ist er für ein kleines Wasserelement verwendbar. Typ und Anordnung der Pflanzen bestimmen, ob es ein traditionelles oder eher unkonventionelles Gestaltungselement wird.

Wenn Sie sich für ein bestimmtes Wasserelement entschieden und über Pflanzen und Fische nachgedacht haben, können Sie sich den Kosten zuwenden. Einige im Handel erhältliche Elemente sind viel zu teuer, andere dagegen sind erschwinglich und sehr attraktiv, vor allem wenn sie ganz nach Geschmack bepflanzt werden. Mit kleinen Änderungen und Abwandlungen können viele Behälter, die ursprünglich ganz anderen Zwecken dienen, für die Wassergärtnerei nutzbar gemacht werden. Sie können z. B. das Dränageloch in Keramik- oder Terrakotta-Pflanzkübeln mit feinem Mörtel verschließen und wasserdicht versiegeln. Oder Löcher in Töpfe oder Steine bohren, aus denen sich dann eine Fontäne oder ein Wasserfall ergießen kann. Wenn Sie Glück haben, finden Sie ein auf Wassergärtnerei spezialisiertes Gartencenter, das diese Arbeiten für Sie übernimmt, wenn Sie es sich selbst nicht zutrauen.

Für die meisten Wasserelemente werden zwar wasserdichte Behälter verwendet, es ist jedoch auch möglich, nicht wasserdichte Behälter mit Teichfolie auszukleiden und so undurchlässig zu machen. Es gibt viele verschiedene Arten von Folie, am strapazierfähigsten und ohne lästige Knicke am besten formbar ist EPDM-Folie. Die Folie wird von der Rolle geschnitten, sodass Sie nur so viel kaufen brauchen, wie Sie benötigen. Polyethylen-Folien sind zwar viel billiger als solche aus EPDM, ihre Lebensdauer ist jedoch begrenzt.

DEKORATIVE KÜBELGÄRTEN
sind eine pflegeleichte Variante in der Wassergärtnerei.

Matteuccia struthiopteris

Ein Behälter-Wasserelement herzustellen kann ganz einfach sein und – kleiner Hinweis für sparsame Leser – muss gar nicht viel kosten, da Sie alle möglichen schon vorhandenen Dinge verwenden können. Die einzige Anschaffung, bei der Sie nicht unbedingt sparen sollten, ist die Pumpe. Natürlich werden Sie auch hier auf das Preis-Leistungsverhältnis achten, entscheidend ist aber, dass die Pumpe robust und zuverlässig ist.

Ein sorgfältig geplantes und entsprechend konstruiertes Wasserelement kann Ihrem Garten ganz leicht zu einem neuen attraktiven Blickfang verhelfen. Ich hoffe, die Vorschläge in diesem Buch werden Sie inspirieren und ermuntern, auch in Ihrem Garten eine solche kleine Oase anzulegen.

Stille Eleganz

Ein Teich mit stehendem Wasser
verleiht Gärten und Terrassen jeder Größe
einen besonderen Reiz. In der
Wasseroberfläche spiegeln sich der Himmel
und alle umstehenden Pflanzen.
Selbst in einem kleinen Behälter kann Wasser
Ruhe und Frieden in einen Garten bringen.
Viele Wasserpflanzen bevorzugen stehendes Wasser. Zusätzliche Attraktivität
können Sie einem solchen Wasserelement noch durch eine großzügige Randbepflanzung verleihen.

Freistehendes Fass

Ein Fass oder eine Tonne eignet sich hervorragend zur Anlage eines hübschen Wassergartens. Wichtig ist aber ein konstanter Wasserstand, das Fass darf daher nicht zum Auffangen von Regenwasser benutzt werden, sondern muss ein eigenständiges Schmuckelement sein.

SIE BENÖTIGEN

- ein Fass oder eine Tonne
- Steine als Grundlage
- Kies
- Ziegelsteine
- Pflanzbehälter
- Wasserpflanzenerde

Bei Fässern oder Tonnen kann der Wasserstand zum Problem werden, da nur wenige Wasserpflanzen mehr als 1 m Wassertiefe tolerieren. Diesem Problem ist aber relativ einfach beizukommen. Am besten ist es, den Grund innerhalb des Fasses anzuheben. Dazu wird ein festes Material auf den Boden aufgebracht. Am besten eignen sich Steine, da sie voluminös sind und das Wasser nicht verschmutzen. Auf die Steine kommt feiner Kies, damit eine ebene Oberfläche entsteht. Diese Steingrundlage verleiht dem Fass Stabilität und erleichtert das Bepflanzen, während der optische Eindruck von außen unverändert bleibt.

Wenn Sie in einem Holzfass die ursprüngliche Wassertiefe beibehalten wollen, können Sie Ablagen für die Pflanzbehälter an die Innenwand schrauben oder Kreuzstreben einsetzen, die den Pflanzen Halt geben. Letztere können auch in Kunststofftonnen Verwendung finden. Solch ein Fass ist wegen der großen Wassertiefe aber schwierig zu unterhalten. Wenn etwas hineinfällt, muss das Fass u. U. vollständig ausgeräumt und geleert werden. Ist das Fass nur zu einem Drittel gefüllt, kann es so behandelt werden wie jeder andere kleine Teich.

Das hier abgebildete Fass wurde wie folgt bepflanzt: eine Seerose, *Nymphaea* 'Aurora', in der Mitte und *Iris laevigata* 'Rose Queen' und *Veronica beccabunga* an den Rändern. Die Seerose wächst in einem mit Wasserpflanzenerde gefüllten Behälter. Dieser wird im tieferen Teil des Fasses so platziert, dass er von nicht mehr als 50 cm Wasser bedeckt ist. Die Pflanzen am Rand wachsen in Körben mit Wasserpflanzenerde. Die Körbe stehen auf Ziegelsteinen und sollten sich unmittelbar unter der Wasseroberfläche befinden. Unter Wasser finden sich noch Papageienfeder und Raues Hornblatt, *Myriophyllum aquaticum* und *Ceratophyllum demersum*.

PFLANZEN

1. *Ceratophyllum demersum* (unter Wasser)
2. *Veronica beccabunga*
3. *Myriophyllum aquaticum* (unter Wasser)
4. *Iris laevigata* 'Rose Queen'
5. *Nymphaea* 'Aurora'
6. *Lysimachia nummularia* 'Aurea'

Bottich im Boden

Ein in den Boden eingelassener Holzbottich ergibt einen kleinen Teich, der gut in einen eher rustikalen Garten passt. Der Behälter wird mit der Zeit eins mit der Umgebung, statt sich ihr aufzudrängen.

SIE BENÖTIGEN

- einen Bottich
- Teichfolie oder transparente Dichtungsflüssigkeit
- wasserlösliches Holzschutz-mittel
- kleines Pflanzgitter für Wasserpflanzen
- Wasserpflanzenerde
- alte Strumpfhose
- Ziegel oder andere Steine

PFLANZEN

① *Iris laevigata*
② *Nymphaea tetragona* 'Helvola'
③ *Typha minima*
④ *Mimulus x hybridus* 'Calypso'

Solch ein Bottichteich eignet sich besonders für kältere Gegenden. Die Gefahr, dass das Wasser gefriert, ist im Boden geringer, sodass winterharte Wasserpflanzen und eventuell sogar kleine Gold-fische in solch einem Teich überwintern können.

Die meisten für diesen Zweck geeigneten Bottiche bestehen aus Holz und sind mit Metallbändern beschlagen. Als Alternative wäre auch ein Kunststoffbehälter denkbar. Man kann auch ein altes Fass, das vielleicht einmal Bier enthalten hat, halbieren. Behälter, in denen vorher Teerprodukte o. Ä. aufbewahrt wurden, sollten allerdings nicht verwendet werden. Am besten ist es, einen neuen Bottich zu kaufen und ihn innen entweder mit Teichfolie auszukleiden oder mit Dichtungsflüssigkeit zu versiegeln.

Das zum Einlassen des Bottichs gegrabene Loch sollte so tief sein, dass der Behälter ca. 10 cm aus dem Boden herausragt. Es ergibt einen besseren optischen Eindruck, wenn der Rand sichtbar ist, außerdem verhindert er, dass neugierige kleine Tiere, wie z. B. Mäuse, in den Bottich fallen. Die meisten im Gartencenter erhältlichen Bottiche sind zwar für die normale Nutzung im Garten aus-reichend geschützt, durch das Eingraben werden sie aber viel stärker angegriffen. Es empfiehlt sich daher, die Außenseite mit Holzschutzmittel zu behandeln oder Teichfolie anzu-tackern, um das Holz trocken zu halten. Legen Sie die Folie so straff wie möglich um den Behälter, da es den Fäulnisprozess beschleunigt, wenn Wasser zwischen Holz und Folie gelangen kann.

Einen Bottich zu bepflanzen ist ganz einfach. Wählen Sie als Mittelpunkt eine einzelne Seerose, z. B. *Nymphaea* 'Aurora' oder *N. tetragona* 'Helvola'. Diese setzen Sie in ein kleines Pflanzgitter für Wasserpflanzen. Für die Randpflanzen, hier *Typha minima* und *Iris laevigata*, kann zwar eine Schicht Wasserpflan-zenerde direkt auf den Behälterboden aufgebracht werden, dann gibt es jedoch keine Möglichkeit zu regulieren, wie weit sie aus dem Wasser herausschauen. Es ist besser, sie in kleine Pflanzbeutel aus alten Strumpfhosen zu setzen und diese in der gewünschten Höhe an den Behälterseiten zu positio-nieren, z. B. auf aufgeschichteten Steinen oder Ziegeln. Für einen Hauch Farbe außerhalb des Bot-tichs sorgt *Mimulus x hybridus* 'Calypso' (oder als Alternative *M. ringens*).

Alles im Ausguss

Alte Ausgussbecken können ebenfalls in wirkungsvolle Wasserelemente verwandelt werden. Bei weißen Becken muss der Standort sorgfältig gewählt werden, da sie sehr nüchtern wirken. Werden sie fantasievoll bepflanzt, kann sich jedoch ein interessanter Kontrast ergeben.

SIE BENÖTIGEN

- einen alten Küchenausguss
- Mörtel oder Stöpsel
- Dichtungsflüssigkeit
- Steine oder Ziegel
- große Bruchsteine
- Wasserpflanzenerde und Sand
- Pflanzbehälter

PFLANZEN

① *Nymphaea tetragona* 'Rubra'
② *Trapa natans*
③ *Eleocharis acicularis* (unter Wasser)
④ *Caltha palustris* 'Alba'
⑤ *Typha minima*

Das Ausgussbecken sollte einen Standort bekommen, an dem andere Pflanzen einen frischen grünen Hintergrund bilden. Wenn es allein auf einer Terrasse oder einem Hof steht, wirkt es leicht zu kahl und streng.

Verschließen Sie den Abfluss entweder mit einem Stöpsel oder mit feinem Mörtel und versiegeln Sie das Ganze. Es ist ratsam, das Becken auf Ziegelsteine zu setzen. Das gewährleistet die Dränage, sollte das Abflussloch doch undicht sein. Außerdem wirkt es besser und die Höhe erleichtert die Bepflanzung und Pflegearbeiten.

Die Bepflanzung sollte einfach sein, nur dann ist sie auch wirkungsvoll. Ideal ist es, wenn zwei große Bruchsteine so eingesetzt werden, dass sie gerade aus dem Wasser herausschauen. Die Zwischenräume können dann mit Wasserpflanzenerde für die Randpflanzen gefüllt werden. Bei der Auswahl der Steine für die Unterwasserlandschaft sollten Sie auf Kalk- und Sandstein verzichten, da diese im Wasser oft bröckeln.

Wenn das Wasser ein gleichberechtigtes visuelles Element sein soll, müsste das Becken sparsam bepflanzt werden. Das Ganze würde dann von den strengen Linien und der Farbe des Beckens dominiert. Vielleicht ist deshalb eine dichtere, aber nicht zu üppige Bepflanzung vorzuziehen. In unserem Beispiel ist der Großteil der Wasserfläche von einer roten Zwergseerose, *Nymphaea tetragona* 'Rubra', und den schwimmenden Blättern der Wassernuss, *Trapa natans*, bedeckt. *Eleocharis acicularis* wächst unter Wasser, als Randpflanzen dienen die weiße Sumpfdotterblume, *Caltha palustris* 'Alba', und *Typha minima*.

Die *Eleocharis* sollte den Grund mit ihren grasartigen Blättern möglichst vollständig bedecken. Bringen Sie dafür auf den Boden des Beckens eine dünne Schicht Wasserpflanzenerde-Sand-Gemisch auf und setzen Sie die Pflanzen in kleinen Gruppen ein. Sie breiten sich dann wie ein Unterwasserrasen aus. Die Seerose sollte in einem sehr kleinen Behälter wachsen, der in die Beckenmitte gestellt wird. Die Wassernuss darf frei schwimmen.

Fernöstliche Ruhe

*Dieser Wassergarten ist vom Charakter her fernöstlich. Er könnte frei-
stehen oder der Mittelpunkt einer größeren in diesem Stil gestalteten Fläche sein.
Auch für die Bepflanzung standen japanische Vorbilder Pate.*

SIE BENÖTIGEN

- einen rechteckigen
  Bambusbehälter
- Teichfolie
- einen viereckigen Kunst-
  stoffbehälter
- kleiner Gitterbehälter
- Wasserpflanzenerde
- kalkfreies Pflanzsubstrat
- Steine oder Ziegel
- Bruchsteine

PFLANZEN

① *Iris ensata* 'Queen of
   the Blues'
② Moos
③ *Typha minima*

Bambusbehälter dieser Art sind als Pflanzgefäße für Zimmerpflanzen oder einjährige Sommer-
blumen für Terrasse oder Hof im Angebot. Einige haben einen Metall- oder Kunststoffeinsatz, der
das Holz schützen soll. Das reicht für den normalen Gebrauch zwar aus, bei einem Wasserelement
bietet es jedoch keinen ausreichenden Schutz. Sie sollten sich vergewissern, dass der Bambusbehälter, den Sie kaufen wollen, mit Teichfolie ausgekleidet und somit wasserfest gemacht werden
kann. Das heißt, dass der Behälter innen über Holz- oder Sperrholzteile verfügen sollte, an denen
die Folie befestigt werden kann. Die Folie am Bambus selbst anzubringen ist sehr schwierig.

Stellen Sie einen großen Kunststoffbehälter in den mit Folie ausgekleideten Bambus-
kasten, vorzugsweise viereckig und ohne Dränageöffnungen. Damit schaffen Sie eine Fläche,
die frei vom Wasser bleibt und das Land repräsentiert. Stabilisieren Sie diesen Behälter, indem Sie
Pflanzsubstrat hinein- und rundherum geben. Das muss keine Wasserpflanzenerde sein. Da die
Iris ensata, die den Blickfang des Designs bildet, jedoch ein saures Milieu bevorzugt, sollten Sie
kalkfreies Substrat verwenden. Der japanische Zwergrohrkolben, *Typha minima,* wird in einen
kleinen Gitterbehälter mit Wasserpflanzenerde gesetzt. Dieser Behälter wird so ins Wasser gesetzt
(wenn nötig auf Ziegel oder Steine), dass er 5 cm von der Wasseroberfläche entfernt ist.

Glätten Sie das Pflanzsubstrat im „Land"-Behälter und platzieren Sie
dann zwei Bruchsteine darauf, die eine Mini-Landschaft bilden. Verwenden
Sie keine kalziumhaltigen Steine, etwa Kalkstein. Wählen Sie vorzugsweise hartes Gestein wie Granit oder Schiefer. Je verwitterter die Steine
sind, desto besser.

Wenn das Wasserelement einen kühlen, feuchten und zeitweise
schattigen Standort bekommen soll, kann der natürliche Eindruck
durch Moos verstärkt werden. Legen Sie Stücke von geeignetem
Moos mit einer dünnen Bodenschicht dicht nebeneinander zwischen
die Bruchsteine. Die Stücke werden schnell zusammenwachsen.

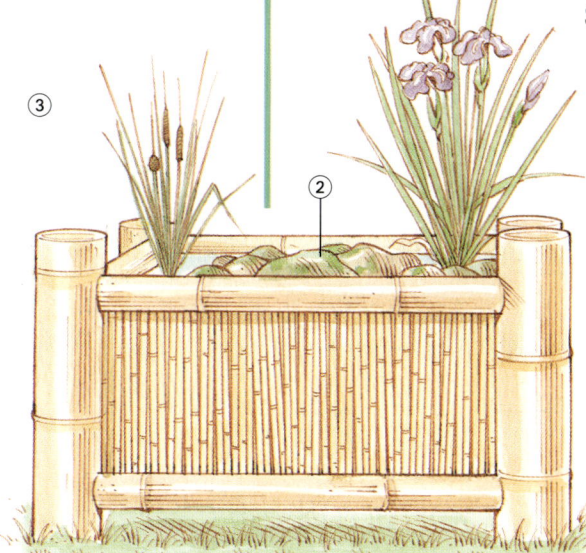

Wassergarten-Set

Dieser Vorschlag ist für alle gedacht, die einen Wassergarten ganz nach Wunsch anlegen wollen. Wie Gartenmöbel können die Elemente beliebig gruppiert und auf der Terrasse oder im Hof umgestellt werden. Sie sind ein echter „mobiler Garten" im holländischen Sinne.

◁ EINS

Legen Sie das Bodenelement auf eine ebene Fläche und verbinden Sie die Seitenflächen mit Stiften. Achten Sie dabei auf rechte Winkel.

▽ ZWEI

Schrauben Sie je einen Kunststoff-Eckverbinder oben in die Ecken. Dadurch wird der Kasten stabilisiert.

△ DREI

Nehmen Sie den Boden aus dem Kasten und drehen Sie diesen um.

▽ VIER

Schrauben Sie zwei Eckverbinder an jede Kastenseite. Halten Sie dabei einen Abstand von ca. 7,5 cm von der Ecke ein. Diese Verbinder halten den Boden und sorgen dafür, dass er keinen direkten Kontakt mit der Stellfläche hat. Setzen Sie den Boden wieder ein und stabilisieren Sie die unteren Ecken mit Eckverbindungen. Streichen Sie den Kasten mit Holzschutzmittel.

SIE BENÖTIGEN

Die drei Behälter haben folgende Abmessungen: 90 x 60 cm, 60 x 45 cm und 45 x 30 cm.

Schneiden Sie die folgenden viereckigen Teile aus Außensperrholz (ca. 10 mm dick) zu:

- zweimal 90 x 40 cm; zweimal 60 x 40 cm; einmal 60 x 88 cm
- zweimal 60 x 35 cm; zweimal 45 x 35 cm; einmal 58 x 45 cm
- zweimal 45 x 30 cm; zweimal 30 x 30 cm; einmal 43 x 30 cm

- 18–20 schmale runde Zaunpfosten, längs halbiert
- 48 Eckverbinder aus Kunststoff
- Schrauben 15 mm
- Nägel 12 cm
- Stifte
- Teichfolie
- Hammer, Tacker, Säge, Schraubenzieher, Bohrmaschine
- wasserlösliches Holzschutzmittel
- Wasserpflanzenerde
- Ziegel oder umgedrehte Pflanzkörbe
- Pflanzkörbe
- Kies

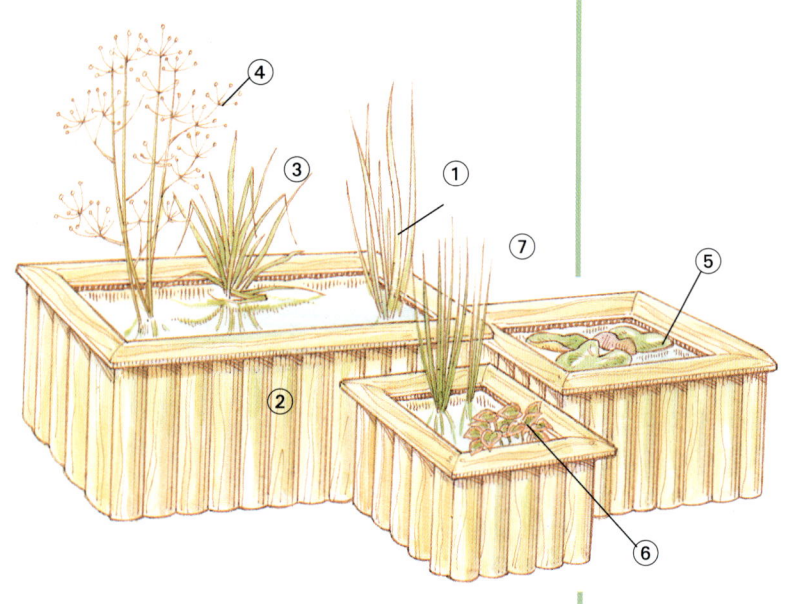

FÜNF ▷

Schneiden Sie die Zaunpfosten auf Kastenhöhe. Da die Pfosten unterschiedlich dick sind, sollten sie die Stücke probeweise anlegen, um auf die benötigte Gesamtbreite zu kommen. Schrauben Sie die Pfosten dann an die Kastenseiten.

SECHS ▷

Setzen Sie an den Ecken nicht beide Pfostenstücke direkt an der Kante an, sondern lassen Sie einen etwas überstehen. Das sieht besser aus.

PFLANZEN

Diese Behältergruppe bietet vielfältige Möglichkeiten der Bepflanzung. Das stehende Wasser erlaubt die Verwendung zahlreicher Wasserpflanzenarten. Sie können das Wasser aber auch zwischen den Behältern fließen lassen, das erhöht die Attraktivität, schließt aber die Verwendung mancher Pflanzen aus.

① *Acorus calamus* 'Variegatus'
② *Myriophyllum aquaticum* (unter Wasser)
③ *Carex elata* 'Bowles' Golden'
④ *Alisma plantago-aquatica*
⑤ *Nymphaea* 'Aurora'
⑥ *Houttuynia cordata* 'Chameleon'
⑦ *Typha minima*

◁ SIEBEN

Schneiden Sie aus den verbleibenden Pfosten Abschlusslatten für den oberen Rand zu, die am Ende eine 45°-Gehrung aufweisen. Streichen Sie die Latten mit Holzschutzmittel.

△ **ACHT**

Legen Sie den Behälter mit Teichfolie aus und tackern Sie diese oben an den Kasten. Befestigen Sie danach die Abschlusslatten. Um ein Splittern der Latten zu vermeiden, sollten Sie Führungslöcher bohren und die Nägel schräg nach innen einschlagen. Dadurch wird die Abdeckung sicher befestigt.

▽ **ZEHN**

Setzen Sie die Wasserpflanzen in Pflanzkörbe mit Wasserpflanzenerde. Decken Sie diese mit einer Schicht Kies ab, damit die Erde das Wasser nicht trübt.

△ **ELF**

Setzen Sie die Seerose in einen Pflanzkorb und setzen Sie diesen vor dem Einfüllen des Wassers an die gewünschte Stelle im Behalter.

△ **NEUN**

Jetzt können die Behälter bepflanzt werden. Stellen Sie die Pflanzen in der gewünschten Höhe auf umgedrehte Pflanzkörbe oder Ziegel.

ZWÖLF ▷

Wässern Sie die neu gepflanzten Wasserpflanzen, bevor Sie die Pflanzbehälter positionieren. Das Wasser verdrängt die Luft im Substrat und verhindert, dass die Pflanzerde ausgewaschen wird, wenn die Behälter mit Wasser gefüllt werden.

Töpfe, Töpfe …

Traditionelle Terrakotta-Töpfe in verschiedenen Formen und Größen können mit Wasserpflanzen bestückt und sehr wirkungsvoll arrangiert werden, am besten auf einer gepflasterten Terrasse oder einem Kiesbeet.

SIE BENÖTIGEN
- drei helle Terrakotta-Töpfe in verschiedenen Größen und Formen
- Kies
- Wasserpflanzenerde

PFLANZEN
1. *Butomus umbellatus*
2. *Iris laevigata* 'Rose Queen'
3. *Juncus effusus* 'Spiralis'
4. *Lysimachia nummularia*
5. *Lysimachia nummularia* 'Aurea'
6. *Pontederia cordata*
7. *Sagittaria sagittifolia* 'Flore Pleno'
8. *Iris laevigata* 'Variegata'
9. *Iris laevigata* 'Colchesteri'

Wo Sie die drei Töpfe hinstellen, hängt ganz davon ab, ob die angestrebte Wirkung eher kontrastreich oder harmonisch sein soll. Auf einer befestigten glatten Fläche sind Design und Aussehen der Töpfe selbst ein entscheidender Punkt, in Verbindung mit anderen Pflanzen sind die Töpfe eher Mittel zum Zweck.

Für solch ein Wasserelement eignen sich die meisten Terrakotta-Töpfe. Da sie aber nur ein kleines Fassungsvermögen haben, gefriert das Wasser schnell. In kälteren Gegenden müssen die Töpfe deshalb in einem geschlossenen Raum über den Winter gebracht werden. Sie können also auch nicht frostharte Pflanzen verwenden, die Ihnen gefallen. Schütten Sie im Winter das Wasser aus den Töpfen, lassen Sie die Pflanzen aber darin stehen. Stellen Sie die Töpfe an einen frostfreien, aber kühlen Platz. Die Pflanzen werden den Winter gut überstehen und im Frühling weiterwachsen.

Für einen optimalen Effekt sollten Sie die Töpfe als Mini-Sümpfe betrachten. Füllen Sie die Behälter zu mindestens zwei Dritteln mit Wasserpflanzenerde, setzen Sie die Pflanzen ein und decken Sie das Ganze mit Kies ab. Dann wird mit Wasser aufgefüllt. Die Pflanzen sollten nicht mehr als 15 cm im Wasser stehen. Bei dieser Art von Wassergarten können Mücken zum Problem werden, da das Wasser so tief ist, dass ihre Larven darin überleben können, jedoch nicht tief genug für Fische, die die Mückenlarven fressen könnten. Sie können das Problem lösen, indem Sie dem Wasser aller paar Wochen einen Tropfen Speiseöl zusetzen. Das Öl bildet einen Film auf dem Wasser, der den Pflanzen nicht schadet, aber die Mückenlarven daran hindert, an der Wasseroberfläche Luft zu holen. Das Wasser selbst ist bei dieser Art von Element ohnehin nicht wichtig, da es mit zunehmender Ausbreitung der Pflanzen kaum noch zu sehen ist.

Bei der Bepflanzung sollten Sie auf wuchskräftige hohe Pflanzen verzichten, da diese die Behälter aus dem Gleichgewicht bringen können, und zwar sowohl optisch als auch im wahrsten Sinne des Wortes, z. B. bei einem kräftigen Windstoß. Verwenden Sie kriechende Pflanzen, etwa die goldblättrige *Lysimachia nummularia* 'Aurea', die über den Rand hängen. Andere Randpflanzen in diesem Arrangement sind *Butomus umbellatus*, verschiedene Sorten von *Iris laevigata*, *Pontederia cordata* und *Juncus effusus* 'Spiralis'. Setzen Sie pro Behälter nicht mehr als zwei oder drei aufrecht wachsende Pflanzen ein, damit sie sich nicht gegenseitig behindern.

Auf dem Fensterbrett

Ein Blumenkasten eignet sich hervorragend zur Anlage eines hübschen Wassergartens. Sie sollten allerdings gut überlegen, an welchem Standort und mit welcher Bepflanzung er die größtmögliche Wirkung erzielt.

SIE BENÖTIGEN

- einen Kunststoff-Blumenkasten oder ähnlichen länglichen Behälter
- Wasserpflanzenerde
- Pflanzgitter zum Halten oder Abdecken von Töpfen oder andere Pflanzbehälter

PFLANZEN

① *Lysimachia nummularia* 'Aurea'
② *Mimulus* x *hybridus* 'Calypso'
③ *Mimulus* x *hybridus* 'Queen's Prize'
④ *Primula vialii*
⑤ *Sisyrinchium angustifolium*

Ein Blumenkasten ist gut geeignet zum Anlegen eines Wassergartens. Denken Sie aber daran, dass der Behälter mit nassem Substrat und Wasser ein beträchtliches Gewicht hat und deshalb nicht in die üblichen Metallhalter an Balkongittern o. Ä. gestellt werden kann. Wollen Sie den Kasten als Fensterschmuck haben, muss er direkt auf das Fensterbrett gesetzt werden. Das kann allerdings den Nachteil haben, dass der Blick nach draußen durch Pflanzen, die höher werden als gewünscht, beeinträchtigt wird.

Im Kasten muss nicht unbedingt Wasser stehen, das Pflanzsubstrat muss aber sehr nass sein. Deshalb ist ein wasserdichter Behälter notwendig. Im Fachhandel gibt es ein großes Angebot an Kästen, Trögen und Einsätzen. Am besten für dieses Element eignen sich natürlich Behälter ohne Dränagelöcher. Einsätze für Holzkästen haben oft Dränagelöcher, die verschlossen werden müssten, um den Behälter wasserdicht zu machen.

Sumpfpflanzen sind optimal für diese Art des Mini-Gartens. Sie können entweder direkt in den mit Pflanzerde gefüllten Kasten gesetzt werden oder in Gitter-Behältern dicht nebeneinander gestellt werden. Diese Behälter dürfen nicht zu groß für den Blumenkasten sein. Für die meisten herkömmlichen Pflanzkörbe für Wasserpflanzen trifft das zu. Ein direkt bepflanzter Kasten sieht vielleicht etwas natürlicher aus, in Töpfen nebeneinander wachsende Pflanzen kommen sich jedoch nicht ins Gehege und sind dadurch leichter zu managen. Ihre Wurzeln wachsen nicht zusammen und die Töpfe können problemlos herausgenommen werden, wenn Pflanzen geteilt oder ersetzt werden sollen. Wählen Sie möglichst Pflanzen mit Faserwurzeln, da sie besser zu pflegen sind als solche mit Rhizomen u. Ä.

Mimulus und Primula eignen sich ausgezeichnet für solche Behälter. Die Gauklerblumen-Hybriden *Mimulus* x *hybridus* 'Calypso' und M. 'Queen's Prize' sorgen den ganzen Sommer über für Farbe, *Sisyrinchium angustifolium* bringt Abwechslung in punkto Größe und Habitus. *Primula vialii* produziert im späten Frühjahr, bevor die Gauklerblumen blühen, wunderschöne violette und rote Blüten. Sie sind zwar mehrjährig, sollten in einem Blumenkasten aber wie Einjährige behandelt und regelmäßig ersetzt werden. Dadurch ist ein langlebiges Arrangement voller Frische und Farbe garantiert.

Volle Kanne!

Die Möglichkeiten zur Schaffung interessanter kleiner Wassergärten sind unendlich. Hier dient eine hübsche Metallgießkanne als Ausgangspunkt für ein attraktives Element.

SIE BENÖTIGEN
- eine Gießkanne aus Metall
- Wasserpflanzenerde

Für Wasserelemente kann jeder wasserdichte Behälter verwendet werden, auch etwas so Alltägliches wie eine alte Metallgießkanne, die hübsch bepflanzt zum Blickfang werden kann.

Am besten steht die Kanne auf einer gepflasterten oder Kiesfläche, so, als hätte sie jemand nach dem Gießen dort abgestellt. Wenn sie an ihrem Standort von anderen Pflanzen umgeben ist, wird sie wie ein natürlicher Bestandteil der Gartenlandschaft wirken, ähnlich wie eine bepflanzte Schubkarre. Im kleinen Garten mit begrenztem Platz wirkt eine einzelne Kanne am besten, Sie können aber auch zwei Kannen unterschiedlicher Form und Größe aufstellen, die sich gut ergänzen.

Eine Gießkanne kann auch als Auslass für eine Pumpe genutzt werden. Das Wasser füllt die Kanne und wird durch das Rohr versprüht. Man braucht jedoch eine ziemlich leistungsfähige Pumpe, um zu erreichen, dass das Wasser tatsächlich aus dem Rohr spritzt und nicht tröpfelt. Daher ist es sicher besser, diesen Effekt in Verbindung mit einer größeren Teichlandschaft anzustreben.

Zahlreiche Pflanzen können sich den Wachstumsbedingungen in einer Gießkanne anpassen. Diese sind vergleichbar mit denen eines Teichrandes oder Sumpfgartens, das hängt davon ab, wie viel Wasser zugegeben wird. Der optische Eindruck einer langen, niedrigen Kanne ist am besten zu erreichen mit luftigen, hängenden Pflanzen, z. B. *Veronica beccabunga* und *Lysimachia nummularia* 'Aurea', die oben herauswachsen und über den Rand fallen. In einer hohen Kanne kommen auch aufrecht wachsende Pflanzen gut zur Geltung. Wählen Sie eine elegante Randpflanze als Blickfang, z. B. die binsenähnliche *Butomus umbellatus*.

Verwenden Sie Wasserpflanzenerde als Substrat. Füllen Sie die Kanne damit zur Hälfte. Setzen Sie aber keine Pflanzen hinein, die nicht wenigstens so groß sind, dass sie über den Rand reichen. Sind die Pflanzen kleiner, gedeihen sie im Dunkel der Kanne nicht wie gewünscht und wenn sie schließlich oben herausschauen, sind sie zu schwach, um ordentlich zu wachsen.

PFLANZEN
1. *Butomus umbellatus*
2. *Lysimachia nummularia* 'Aurea'
3. *Veronica beccabunga*

Mosaik-Becken

Ein solches Becken ist ideal für den kleinen Garten. Ein tolles Bild gibt es z.B. neben einem mit kleinen Alpinpflanzen besetzten Steingarten ab. Dann sollte möglichst auch das Becken mit Zwergpflanzen bestückt sein.

◁ EINS
Schneiden Sie die Fliesen in kleine Vierecke unterschiedlicher Größe und sortieren Sie die Stücke nach Farben.

▽ ZWEI
Legen Sie das Mosaikmuster auf einer Pappe aus, bevor Sie die Teile an das Becken kleben.

△ DREI
Das Ankleben der Mosaikteile dauert lange, bestreichen Sie daher immer nur eine kleine Fläche großzügig mit Fliesenkleber.

△ VIER
Bauen Sie das Mosaikmuster kontinuierlich auf. Drücken Sie die Teile mit einer leichten Drehbewegung in den Kleber, damit sie gut eingebettet werden.

SIE BENÖTIGEN
Für dieses Projekt wurde ein altes Ausgussbecken verwendet, Sie können es aber auch mit ähnlichen Behältern verwirklichen. Verschließen Sie vor Beginn der Mosaikarbeiten das Abflussloch. In einem alten Ausgussbecken entspricht das Loch sicher nicht heutigen Standards, wenn Sie Glück haben, finden Sie aber vielleicht einen passenden Stöpsel. Wenn Sie einen Stöpsel verwenden, sollten Sie das Becken etwas erhöht aufstellen, z.B. auf Ziegelsteinen. Sie können das Wasser dann ganz einfach ablassen, wenn das Becken geleert werden muss. Wenn Sie keinen passenden Stöpsel finden, verschließen Sie das Loch mit Mörtel und überstreichen Sie das Ganze mit Dichtungsflüssigkeit.
Für das abgebildete Teil werden die folgenden Materialien benötigt:
- ein altes Ausguss- oder anderes Becken
- alte Fliesen, Fliesenabfälle oder -bruch (fragen Sie eventuell im Baumarkt)
- guter Fliesenkleber und Fugenmörtel
- Fliesenschneider
- Wasserpflanzenerde
- Kies

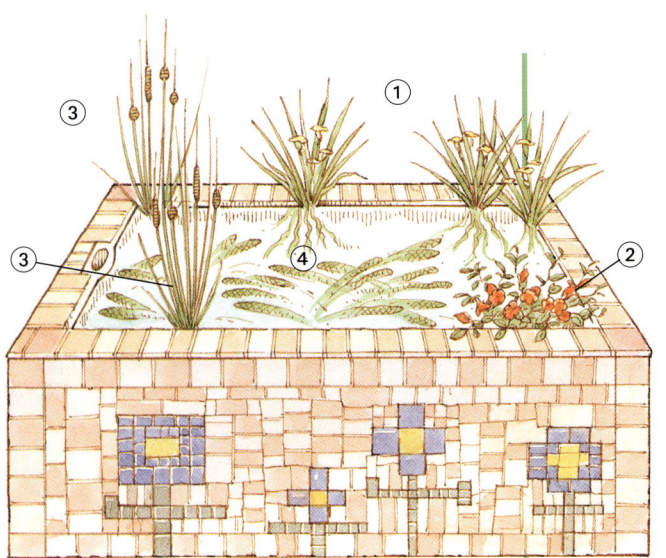

FÜNF ▷

Wischen Sie nach Fertigstellung des Musters an einer Seite überschüssigen Fliesenkleber mit einem Lappen ab. Lassen Sie das Mosaik trocknen, bevor Sie die nächste Seite in Angriff nehmen.

PFLANZEN

Bei solchen Becken ist die Gefahr groß, dass man sie mit Pflanzen überlädt. Verwenden Sie wenige und nicht allzu wüchsige Pflanzen. Doch auch diese müssen in den Sommermonaten regelmäßig zurückgeschnitten werden, damit sie ihre kompakte Form behalten. Für Becken eignen sich die verschiedensten Pflanzen, das hier abgebildete wurde wie folgt bepflanzt.

① *Sisyrinchium californicum* *var. brachypus*
② *Mimulus x hybridus* 'Calypso'
③ *Typha minima*
④ *Lagarosiphon major*

◁ SECHS

Belegen Sie nach Fertigstellung der Seiten den oberen Rand mit etwas größeren Mosaikteilen. Achten Sie darauf, dass diese außen genau mit den Mosaikseiten abschließen.

SIEBEN ▷

Tragen Sie zum Schluss eine Schicht Fliesenmörtel auf, um die Fugen vollständig zu füllen. Entfernen Sie Reste schnell mit einem feuchten Lappen.

▽ ACHT

Lassen Sie den Mosaikbehälter gründlich austrocknen, bevor Sie ihn aufstellen oder bepflanzen.

▽ NEUN

Es empfiehlt sich, alle Pflanzen in Behälter zu setzen, ansonsten breiten sie sich im Becken zu stark aus. Bedecken Sie den Boden des Beckens mit feinem Kies, um die weiße Farbe zu verdecken. Häufen Sie den Kies in den Ecken so an, dass Pflanzbehälter darauf gestellt werden können. Platzieren Sie die Pflanzbehälter. Steht ein Behälter zu hoch oder zu tief, kann die Höhe der Kiesunterlage reguliert werden.

△ ZEHN

Füllen Sie das Becken vorsichtig mit Wasser. Decken Sie den Kies vorher mit einer Folie ab, damit er an seinem Platz bleibt.

△ ELF

Setzen Sie eine Gruppe Unterwasserpflanzen ein. Die anfängliche Trübung des Wassers wird größtenteils vom Kies verursacht; das gibt sich jedoch bald und das Wasser wird klar.

Zauber der Bewegung

Bringen Sie mit dem Geräusch und der Farbe von bewegtem Wasser Leben in Ihren Garten oder auf Ihre Terrasse. Ob ein feiner Sprühnebel oder eine munter sprudelnde Fontäne – kaum ein anderes Element kann die Stimmung eines Gartens oder einer Terrasse so gründlich verändern wie bewegtes Wasser, das im hellen Sonnenlicht glitzert. Und die Anlage solcher Mini-Wassergärten ist mit den heute verfügbaren kleinen Tauchpumpen kein Problem mehr.

Fässer-Verbindung

Dieser Wassergarten besteht aus zwei Bottichen oder Halbfässern unterschiedlicher Größe. Diese wurden so aufgestellt, dass ein rustikales Element mit fließendem Wasser entstanden ist. Trotz der kräftigen Wasserbewegung gibt es eine Reihe von Pflanzvarianten.

SIE BENÖTIGEN

- zwei Halbfässer oder Bottiche unterschiedlicher Höhe, die durch eine Dekorpumpe (fertig erhältlich) verbunden sind
- eine Tauchpumpe
- Pflanzkörbe
- Wasserpflanzenerde

PFLANZEN

1. *Acorus calamus* 'Variegatus'
2. *Alisma plantago-aquatica*
3. *Caltha palustris*
4. *Lysimachia nummularia* 'Aurea'
5. *Typha latifolia*
6. *Veronica beccabunga*

Das Wasser in diesem Element steigt von dem unteren Fass in eine altertümliche Pumpe; von dort fällt es in Kaskaden in die zwei Fässer herab. Die Dekor-Wasserpumpe wird von den Fässern teilweise umschlossen, was dem Element eine gefällige Einheitlichkeit verleiht. Soll ein Ensemble wie dieses gestaltet werden, ist eine leistungsfähige Pumpe nötig, denn es sind ein beträchtlicher Pumpenhub und eine erhebliche Wassermenge zu bewältigen.

Für einen Behälter-Wassergarten dieser Art sollte ein freier, sonniger Standort gewählt werden. Es ist vorteilhaft, die Dekor-Wasserpumpe mit der Rückseite zu einer Wand oder in einer Ecke aufzustellen, auch wenn das vielleicht ein wenig kahl aussieht. Der rustikale Charakter der Pumpe kommt aber auch an einem Platz vor einem Sträucherbeet oder in einer Ecke, wo in einem üppiger bepflanzten Bereich Ihres Gartens zwei Hecken aufeinander treffen, gut zur Geltung.

Sie können trotz der kräftigen Wasserbewegung eine ganze Reihe von Pflanzen in die Fässer einsetzen, sofern Sie Arten auswählen, die für diese Bedingungen geeignet sind. Der üppig wachsende Rohrkolben, *Typha latifolia*, passt sehr gut hierher, obwohl er in anderen Behälter-Wassergärten selten gedeiht. Der Platz an der hinteren Wand des unteren Fasses, wo das obere Fass übersteht, ist ideal, da er geschützt genug für den Rohrkolben ist. Sein Pflanzkorb mit Wasserpflanzenerde lässt sich gut am Fass befestigen, sodass er im Wasser nicht umkippt. Außerdem trägt die Höhe der Pflanze dazu bei, die Fässer optisch zu verbinden.

Im Unterschied zu manch anderen kleinen Wasserelementen können Sie hier kriechende Pflanzen und relativ hohe Randpflanzen, wie z. B. *Typha*, in ein und demselben Behälter unterbringen. Das Pfennigkraut, *Lysimachia nummularia* 'Aurea', gedeiht viel besser, wenn es auf dem Fassboden eingepflanzt wird und über den Rand hängt, als wenn es separat untergebracht ist. Dann müsste es einen eigenen Pflanzkorb haben, der den begrenzten Platz im Wasser noch verringern würde. Kombinieren Sie diese Bepflanzung mit anderen wuchsfreudigen Randpflanzen, wie zum Beispiel dem Froschlöffel, *Alisma plantago-aquatica*. Hier wurden außerdem der Buntkalmus, *Acorus calamus* 'Variegatus', die Sumpfdotterblume, *Caltha palustris*, und die Bachbunge, *Veronica beccabunga*, verwendet, die im Verein dafür sorgen, dass das Ganze über lange Zeit attraktiv aussieht.

Springbrunnen im Topf

❧

Pflanzen sind in einem mobilen Wassergarten nicht immer notwendig. Wasser, das munter über Steine plätschert, erinnert an einen Gebirgsbach. Eine solche Wirkung lässt sich leicht in einem kleinen dekorativen Behälter erreichen.

SIE BENÖTIGEN
- einen kleinen dekorativen Topf
- ein Kunststoffgefäß mit Löchern
- eine Tauchpumpe
- einen Mittelstein mit Bohrloch
- Kiesel

Viele Wasserpflanzen vertragen kein bewegtes Wasser und lassen sich nicht in Wassergärten mit einem Springbrunnen verwenden. Deshalb bildet in diesem Behälter das Wasser selbst den Mittelpunkt. Der Behälter braucht nicht übermäßig groß zu sein. Er muss jedoch genügend Platz für eine Tauchpumpe in einer kleinen Kammer bieten, die oben mit Steinen oder großen Kieseln abgedeckt wird. Ein umgedrehtes Kunststoffgefäß (etwa eine Schüssel), das den Behälter nahezu ausfüllt und bis zu 5–10 cm an die obere Kante des Ziertopfes heranreicht, ist ideal. Das innere Gefäß muss mit Löchern versehen werden, sodass das Wasser ungehindert hindurchfließen kann. Der dekorative Topf ist also zum größten Teil mit Wasser gefüllt. Die Kiesel oder Steine verdecken die Sicht auf die Pumpenkammer. Entscheidend ist, dass der Topf mit der maximal möglichen Wassermenge gefüllt wird.

Der Mittelstein, der als Blickfang des Behälters dient, muss ein Bohrloch aufweisen, in das der Auslass der Pumpe geschoben wird. Sand- oder Kalkstein lassen sich am leichtesten durchbohren, vielleicht bekommen Sie einen vorgebohrten Stein aber auch im Fachhandel. Achten Sie darauf, dass der Stein nicht frisch gebrochen ist, sondern eine harte, verwitterte Oberfläche hat. Sonst wird er erodieren, was dazu führt, dass sich Bruchteile im Behälter absetzen und möglicherweise die Pumpe blockieren.

Es ist wichtig, den Kieselspringbrunnen regelmäßig auf Wasserverlust zu kontrollieren. Da das Wasser ständig Luft und Wärme ausgesetzt ist, verdunstet es recht schnell. Innerhalb von wenigen Tagen kann der Wasserstand um 10–15 cm sinken. Am günstigsten ist es, wenn sich der Wasserspiegel direkt über der Pumpenkammer befindet. Das einzige Problem, das dadurch entstehen kann, sind Algenablagerungen an den Steinen, die mit einer Gezeitenmarke vergleichbar sind. Um das zu verhindern und um zu erreichen, dass das Wasser klar bleibt und die Steine immer frisch und glänzend aussehen, sollten Sie regelmäßig ein organisches Algizid zusetzen. Dadurch bleibt das Wasser kristallklar und kann im Sonnenlicht funkeln.

Shishi-Odoshi

Ein Shishi-Odoshi ist ein traditionelles japanisches Wasserspiel aus Bambus, das mit fließendem Wasser betrieben wird. Das laute Geräusch, das durch das hohle Rohr verursacht wird, sollte ursprünglich Wild vertreiben.

SIE BENÖTIGEN
- eine Shishi-Odoshi-Kon-struktion aus Bambus
- eine Tauchpumpe
- einen großen Bottich o. Ä. für die Pumpe
- große Kiesel oder Steine
- engmaschiges Draht-geflecht

PFLANZEN
① *Hosta* 'Thomas Hogg'
② *Iris laevigata* 'Colchesteri'
③ *Onoclea sensibilis*
④ *Primula beesiana*
⑤ *Primula bulleyana*

Für diesen Wassergarten gibt es verschiedene Konfigurationen. Die üblichste sind zwei aufrecht stehende Bambusstützen, die ein dünneres, bewegliches Bambusrohr halten. Das Wasser wird aus einer unterirdischen Kammer durch eines der senkrechten Bambusrohre gepumpt und ergießt sich aus einem kleinen Bambusspeier am oberen Ende der Konstruktion in das bewegliche Rohr. Das Gewicht bringt dieses Rohr schließlich zum Kippen und das Wasser strömt heraus. Das kippende Rohr trifft dabei entweder auf ein oben zwischen den senkrechten Rohren angebrachtes Bambus-stück oder – weitaus häufiger – auf einen am Boden positionierten Stein, was das Geräusch ver-ursacht.

Eine unterirdische Kammer ist die Voraussetzung für das Betreiben eines Shishi-Odoshi. Diese Kammer nimmt die Tauchpumpe auf. Diese muss leistungsfähig genug sein, um das Wasser ohne Probleme nach oben zu pumpen. Wenn gesichert ist, dass die Pumpe vollständig mit Wasser bedeckt ist, können Sie auch einen flacheren, breiten Behälter verwenden. Das hat den Vorteil, dass sich der notwendige Pumpenhub verringert. Ein anderer Vorteil besteht darin, dass Sie Pflan-zen in den Behälter setzen können, denen eine nasse Umgebung sehr zusagt.

Nach der Installation des Behälters und der Pumpe wird das Shishi-Odoshi dicht neben dem eingegrabenen Behälter aufgestellt. Das Speirohr zeigt zur Behältermitte. Die Stabilität der senkrechten Stützen ist größer, wenn sie im Boden verankert statt am Behälter befestigt werden. Dann wird die Pumpenkammer abgedeckt, am besten mit engmaschigem Drahtgeflecht. Das Mate-rial muss so stabil sein, dass es das Gewicht von Kieseln oder Steinen tragen kann, zugleich muss es das Wasser durchlassen. Wenn Sie einige Maschen des Geflechts aufweiten, können Pflanzen hin-durchwachsen.

Es gibt eine große Auswahl an Pflanzen für dieses Element. Um jedoch die bestmögliche Wirkung zu erzielen, sollten Sie sich für japanische und orientalisch wirkende Pflanzen entschei-den. Verwenden Sie Sumpfgartenpflanzen, die im Wasser stehen können und nur zum Teil herausragen, oder arrangieren Sie einen Teil der Pflanzen in den nassen Abschnitten am Rand. *Iris laevigata* 'Colchesteri' kann sehr gut im Wasser stehen, aber Funkien, wie z. B. *Hosta* 'Thomas Hogg', die Primel *Primula beesiana* und *P. bulleyana*, und der Perlfarn, *Onoclea sensibilis*, gedeihen in den etwas trockeneren Bereichen am Rand besser.

Unten am alten Mühlstein

Ein Mühlstein, in dessen Mitte Wasser sprudelt, hat zwei wohltuende Aspekte: das Geräusch und den Anblick des Wassers. Das Element ist außerdem äußerst pflegeleicht und sicher, was vor allem wichtig ist, wenn Kinder in der Nähe spielen.

SIE BENÖTIGEN

- einen Mühlstein aus Fiberglas oder Beton
- einen großen Kunststoffbehälter
- eine Tauchpumpe
- Drahtgeflecht oder Armierungsstäbe aus Metall
- große Kiesel oder Feldsteine
- Pflanzbehälter
- Wasserpflanzenerde

Sprudelnde Mühlsteine sind heutzutage in vielen Gärten zu bewundern. Natürlich gibt es kaum noch Original-Mühlsteine, doch in den letzten Jahren sind überzeugende Nachbildungen aus Beton und Fiberglas auf den Markt gekommen. Die Glasfaser-Mühlsteine sind sehr leicht und lassen sich deshalb problemlos bewegen.

Wenn Sie die Installierung eines Wassergartens mit Mühlstein planen, sollten Sie zunächst nach einem flachen Behälter Ausschau halten, der einen um 15 cm größeren Durchmesser hat als der Mühlstein. Auf dem Rand, durch den das überlaufende Wasser wegsickert, können Kiesel und Steine arrangiert und die eine oder andere Pflanze eingesetzt werden.

Lassen Sie den Behälter in den Boden ein und installieren Sie eine Tauchpumpe. Befestigen Sie ein Stück Schnur am Auslass, so dass der Schlauch später durch das Loch im Mühlstein gezogen werden kann. Der Mühlstein braucht natürlich eine stabile Unterlage. Dafür lassen sich Drahtgeflecht oder Metallstäbe verwenden. Als Hauptauflage wird ein stabiles, grobmaschiges Drahtgeflecht benötigt. Darauf kommt noch eine Lage feinmaschiges Drahtgeflecht, das verhindert, dass Kieselsteine in die Pumpenkammer fallen.

Wenn die Unterlage an ihrem Platz ist, positionieren Sie den Mühlstein vorsichtig und ziehen die am Auslaufschlauch der Pumpe befestigte Schnur durch das Loch in der Mitte des Mühlsteins. Auf den Auslass wird dann eine einfache Düse gesteckt. Legen Sie dann Kiesel oder Feldsteine um den Mühlstein, sodass die Pumpenkammer völlig verdeckt wird.

Da der Mühlstein selbst schon ein sehr markantes Element ist, müssen die Pflanzen sehr sorgfältig arrangiert werden. Verwenden Sie am Rand weniger auffällige Pflanzen wie *Veronica beccabunga* und *Lysimachia nummularia* 'Aurea', die zur Belebung der Steine dienen. Höhere Pflanzen wie *Butomus umbellatus* sorgen für die vertikale Dimension. Sie können die Pflanzen in niedrige, flache Behälter setzen und diese oben auf die Drahtgeflechtauflage setzen und mit Kieseln umgeben und bedecken. Eine andere Möglichkeit besteht darin, die Pflanzbehälter auf Ziegelsteinen erhöht direkt in der Pumpenkammer unterzubringen. Dadurch wird aber das Wasservolumen verringert, außerdem müssen die Pflanzen das Drahtgeflecht durchdringen, was nicht immer einfach ist. Die Pflanzen sind viel leichter zu kontrollieren, wenn sie zwischen die Kieselsteine gepflanzt werden.

PFLANZEN

① *Butomus umbellatus*
② *Lysimachia nummularia* 'Aurea'
③ *Veronica beccabunga*

Erdbeertopf-Garten

Ein traditioneller Erdbeertopf lässt sich in ein attraktives Wasserelement verwandeln, wenn er mit einer wasserdichten Folie ausgeschlagen oder mit einem wasserdichten Topfeinsatz versehen wird. Bepflanzen Sie die nach außen weisenden Taschen mit üppigen kriechenden Pflanzen.

SIE BENÖTIGEN

- einen Erdbeertopf
- eine Tauchpumpe
- Teichfolie oder Kunststoffeinsatz
- Kleber
- Blumenerde

Verwenden Sie für dieses Element am besten einen Kunststoffeinsatz, denn er besitzt die notwendige Festigkeit. Wenn Sie keinen Einsatz passender Größe finden, können Sie auch ein Stück Teichfolie verwenden. Befestigen Sie die Folie mit Kleber an der Innenseite des Erdbeertopfes, damit sie nicht verrutscht, und schneiden Sie überstehende Ränder ab.

Das Wasser wird mittels einer Minitauchpumpe, die etwa 500 g wiegt und direkt auf dem Boden des Topfes liegt, bewegt. Führen Sie das Kabel zwischen Einsatz und Topf-Innenwand entlang und ziehen Sie es durch eins der unteren Pflanzlöcher, das später nach hinten zeigt.

Die Taschen im Topf sollten Sie mit Universal-Blumenerde füllen. Anders als beim konventionell bepflanzen Erdbeertopf besteht nicht die Möglichkeit, von innen und außen zu arbeiten, d. h. Sie müssen die Erde und alle Pflanzen von außen einbringen. Da jeder Pflanze nur eine relativ geringe Menge Substrat zur Verfügung steht, müssen Sie geeignete Pflanzentypen auswählen und regelmäßig gießen. Die konstante Feuchte des Tontopfes trägt auch dazu bei, dass die Pflanzen nicht vertrocknen.

Die Hängelobelie _Lobelia erinus_ ist eine der für diese Art von Element geeignetsten Pflanzen. Sie toleriert es, wenn sie für ihre Wurzeln nur wenig Erde hat, und produziert fast den ganzen Sommer über ausreichend Blätter sowie eine Unmenge blauer Blüten. Um zu gewährleisten, dass sie auch dann weiter schön blüht, wenn die geringe Menge Pflanzenerde ausgelaugt ist, muss eine regelmäßige Blattdüngung vorgenommen werden. Die Gabe von Flüssigdünger mit dem Gießwasser ist bei der geringen Substratmenge in den Taschen reine Verschwendung, denn der größte Teil davon wird außen am Topf herunterlaufen, Düngerstäbchen oder –tabletten sind jedoch eine gute Alternative.

Sie können auch Hängepflanzen verwenden, die vor allem wegen ihrer attraktiven Blätter gezogen werden, dazu gehören u. a. _Lysimachia nummularia_ 'Aurea' mit goldgelben Blättern und ihre Stammform _L. nummularia_, die grüne Blätter und gelbe Blüten hat.

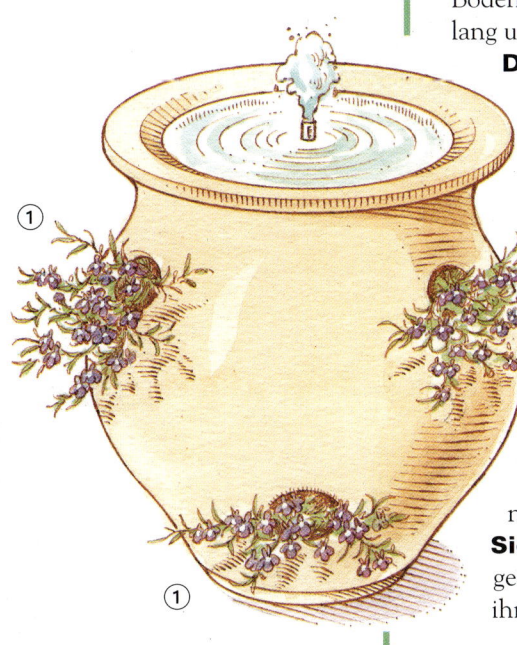

PFLANZEN
① _Lobelia erinus_ 'Blue Trailing'

Klassik pur

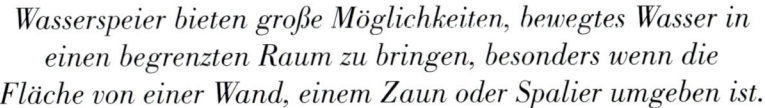

Wasserspeier bieten große Möglichkeiten, bewegtes Wasser in einen begrenzten Raum zu bringen, besonders wenn die Fläche von einer Wand, einem Zaun oder Spalier umgeben ist.

SIE BENÖTIGEN

- eine Löwenkopf-Wand-maske
- eine Tauchpumpe
- einen Kunststoffeimer
- Steinplatten
- ein Schwimmventil (fakultativ)

PFLANZEN

① *Mimulus luteus*
② *Pontederia cordata*
③ *Potamogeton crispus* (unter Wasser)

Die wasserspeiende Maske ist zwar leicht anzubringen, Sie müssen jedoch darauf achten, dass sie richtig funktioniert. Die Tauchpumpe könnte in dem kleinen Becken platziert werden, in das die Maske speit. Allerdings lassen sich Pumpe und Zuleitung zur Maske nur schwer kaschieren. Wenn Sie ein solches Element installieren wollen, ist es besser, eine richtige Kammer unter dem Becken anzulegen, um die Pumpe sicher unterbringen zu können. Ein Plastikeimer üblicher Größe ist ein idealer Behälter für diesen Zweck.

Lassen Sie den Eimer in den Boden ein und decken Sie ihn mit Steinplatten ab. Auf diese Platten kommt dann das Becken. Verlegen Sie die Platten so, dass Sie bei Bedarf Zugang zur Pumpe haben. Vielleicht ist Ihr Auffangbecken mit einem Überlauf ausgestattet (wie Küchenspülen oder Waschbecken), durch den das Wasser in die Pumpenkammer darunter gelangt. Wenn das Becken keinen Überlauf hat, müssen Sie einen anlegen. Die Pumpe transportiert das Wasser zum Wasser-speier hinauf, von dort fällt es in das Becken, fließt dann über und in die Kammer zurück. Das Wasser in der Kammer muss regelmäßig aufgefüllt werden, was sich mit einem Gartenschlauch ganz leicht bewerkstelligen lässt. Es ist auch ziemlich einfach, eine Vorrichtung mit einem Schwimm-ventil zu installieren, die automatisch für den richtigen Wasserstand sorgt.

Die Zuleitung für den Speier so unterzubringen, dass sie nicht sichtbar ist, erfordert einiges Geschick. An einem Zaun oder Spalier ist es noch relativ einfach, denn die Maske muss an einem Pfosten oder Ständer angebracht werden, um sie sicher zu befestigen. Die Zuleitung kann dann hinter demselben Pfosten o. Ä. versteckt werden. Wird die Maske an einer Mauer befestigt, ist es ein wenig komplizierter. Bei einer Gipskartonwand muss ein Loch gebohrt werden, sodass das Zuflussrohr außer Sicht dahinter hochgezogen werden kann. Bei massiven Wänden muss die Wasserleitung in die Wand gelegt werden.

Wasserpflanzen mit schwimmenden Blättern und echte Schwimmpflanzen mögen die Bedingungen in einem Brunnenbecken mit ständig fließendem Wasser nicht. Es ist besser, Randpflanzen zu verwenden, wie z. B. die Gelbe Gauk-lerblume, *Mimulus luteus*, und das Hechtkraut, *Pontederia cordata*. Dazu kann auch die eine oder andere Unterwasserpflanze kommen, die unruhiges Wasser toleriert. Hier wurde *Potamogeton crispus* verwendet.

Auf der Kippe

*Dieses Element macht den Eindruck, als hätte jemand
die bauchige Vase einfach umgekippt und liegen lassen, sodass
nun das Wasser herausläuft. Die Vase ruht auf
grobem Kies in einem Behälter, unter dem sich eine Pumpe befindet.*

Bei diesem Element ist die Verbindung zur Pumpe diskret am unteren Ende der Vase versteckt. Das Wasser läuft vom Rand der Vase herab. Um Wasserverlust zu vermeiden, muss die Vase in einem ausreichend großen Basisbehälter untergebracht werden.

Als Basis kann jeder Behälter dienen, ob freistehend oder in den Boden eingelassen. Der untere Behälter dient nicht nur als Kammer, von der aus das Wasser mithilfe einer Tauchpumpe bewegt wird, er bietet auch genügend Raum für die Unterbringung von zusätzlichen Rand- oder Sumpfpflanzen.

Wenn der Behälter in den Boden eingelassen wird, braucht er nur aus ausreichend stabilem Kunststoff zu sein. Er wird deshalb nur ein geringes Gewicht haben und leicht zu installieren sein. Legen Sie die Pumpe auf den Boden des Behälters und kaschieren Sie das Kabel dort, wo es herauskommt, mit Steinen, Kieseln oder Pflanzen. Setzen Sie die Pflanzen in ihren Töpfen auf den Boden des Behälters und decken Sie diesen dann vollständig mit stabilem Drahtgeflecht ab. Die Pflanzen ragen durch das Geflecht hindurch. Bedecken Sie die Abdeckung dann noch mit einer Lage Unkrautvlies, in das Löcher für die Pflanzen geschnitten wurden. Ein paar zusätzliche Einschnitte an anderen Stellen ermöglichen das Abfließen des Wassers in den Auffangbehälter. Legen Sie schließlich Kiesel und Steine obenauf. Dabei gibt es zwei Varianten: Sie können die Kiesel ausschließlich auf der Oberfläche des Behälters platzieren und ihn damit klar abgrenzen, Sie können sie aber auch über den Rand hinaus verteilen, sodass der Eindruck entsteht, die umgekippte Vase liege auf dem Boden.

Obwohl sie selbst schon attraktiv aussieht, wirkt die Vase noch viel besser, wenn sie von Pflanzen mit unterschiedlichem Wuchsverhalten umgeben ist. Verwenden Sie die gefüllte Sumpfdotterblume, *Caltha palustris* 'Flore Pleno', die im zeitigen Frühjahr ihre Pracht entfaltet. Später blüht dann *Iris laevigata* mit ihren blauen Blüten und hübschen schwertförmigen Blättern, die einen schönen Kontrast zum rötlich-violetten Laub der *Lobelia* x *speciosa* 'Queen Victoria' bilden. Die anspruchslose, den ganzen Sommer über blühende Gauklerblumen-Hybride *Mimulus* x *hybridus* 'Malibu' ist eine attraktive Ergänzung. Alternativ können für dieses Element *Caltha palustris* 'Alba' und *Typha minima* mit seinen grasartigen Blättern und kleinen braunen Kolben verwendet werden.

Tröpfel-Trio

Bei richtiger Anordnung ist dies eines der optisch ansprechendsten Wasserelemente. Es besteht aus einer Kiesfläche, strategisch platzierten Tontöpfen mit sprudelndem Wasser sowie einigen Pflanzen, die zur Auflockerung der steinigen Fläche dienen.

SIE BENÖTIGEN

- drei Keramik- oder Terrakottatöpfe
- eine Tauchpumpe
- einen großen Behälter oder Tank
- stabiles Drahtgeflecht
- Epoxidharz
- Kiesel
- Pflanzbehälter
- Wasserpflanzenerde

PFLANZEN

1. *Acorus calamus* 'Variegatus'
2. *Acorus gramineus* 'Variegatus'
3. *Iris laevigata*
4. *Lysimachia nummularia* 'Aurea'

Die Pumpen für dieses Projekt müssen in den Töpfen installiert werden, wobei das Kabel nicht zu sehen sein darf. Sie können Löcher in die Töpfe bohren, durch die das Kabel gezogen wird, Sie können aber auch das Dränageloch im Boden nutzen. Nachdem das Kabel durchgezogen wurde, muss die Öffnung mit Epoxidharz versiegelt werden. Eine andere Variante besteht darin, eine einzelne, leistungsstärkere Pumpe in einer unterirdischen Kammer zu installieren und die drei Auslass-Schläuche durch die Dränagelöcher der Töpfe zu ziehen.

Wenn Sie sich für die letztgenannte Methode entscheiden, müssen Sie einen größeren Behälter oder Tank im Boden versenken, am besten ein Wasserfass oder eine Zisterne. Positionieren Sie die Pumpe darin knapp unterhalb des maximal möglichen Wasserspiegels, sodass sie sich vollständig unter Wasser befindet. Legen Sie eine Abdeckung aus stabilem, feinmaschigen Drahtgeflecht über den Behälter und führen Sie die Auslass-Schläuche so hindurch, dass sie ganz in der Nähe der Dränagelöcher der Tontöpfe herauskommen. Ziehen Sie dann die Schläuche durch die Löcher, befestigen Sie sie mit Epoxidharz und dichten Sie die Dränagelöcher ab. Bedecken Sie die Abdeckung mit Kies, lassen Sie dabei aber Platz für die Pflanzkörbe, die auf das Drahtgeflecht gesetzt werden. Ist das geschehen, umgeben Sie die Körbe sorgfältig mit Kies, sodass sie nicht mehr sichtbar sind.

Es stehen viele Pflanzen zur Auswahl, es sollten aber auf jeden Fall einige kriechende Exemplare dabei sein, damit die kahle Kiesoberfläche etwas aufgelockert wird. Hier wurde *Lysimachia nummularia* 'Aurea' verwendet, dazu als Kontrast einige aufrecht wachsende Pflanzen mit langen, schmalen Blättern. Der buntblättrige Kalmus, *Acorus calamus*, und der Zwerg-Graskalmus, *A. gramineus*, sind dafür ideal, ebenso die blau blühende Sumpfiris, *Iris laevigata*. Als Alternativen sind *Sagittaria sagittifolia* und *Pontederia cordata* denkbar, die mit den gegebenen Bedingungen genauso gut zurechtkommen. Das gilt gleichermaßen für *Iris laevigata* 'Colchesteri' mit ihren auffälligen dunkelviolett-weißen Blüten.

Kühle Farbigkeit

Dieser Miniatur-Wassergarten ermöglicht es Ihnen, eine ganze Reihe von Pflanzen auf begrenztem Raum und in Verbindung mit bewegtem Wasser zu kultivieren. Er ist ein ideales Element für einen freien, sonnigen Standort auf einer Terrasse oder einem Hof.

SIE BENÖTIGEN

Dieses Projekt lässt sich ganz nach Ihren Bedürfnissen verändern. Sie können es in einer anderen Größe oder sogar in L-Form anfertigen, wenn Ihnen das besser gefällt.

- zwei Holzbretter (ca. 2 cm dick) 90 x 25 cm und zwei 45 x 25 cm
- ein Stück Außensperrholz (ca. 10 mm dick) 90 x 50 x 12,5 cm
- zwei Zierleisten 1 m, zwei 60 cm
- zwei Halbpalisaden 50 cm
- farbiges wasserlösliches Holzschutzmittel
- Stifte
- 4 Eckverbinder
- Teichfolie
- einen Tacker
- ein scharfes Messer
- einen Plastikbehälter (für die Pumpe)
- Schrauben für die Eckverbinder
- Hammer, Schraubenzieher, Bohrmaschine
- eine Tauchpumpe
- Wasserpflanzenerde
- feinen Kies

◁ EINS

Schneiden Sie das Holz in der richtigen Größe zu, streichen Sie es mit Holzschutzmittel und lassen Sie es trocknen, bevor Sie die Seiten mit Stiften am Boden befestigen.

ZWEI ▷

Stabilisieren Sie die oberen Ecken mit Eckverbindern, die etwas vom oberen Rand entfernt sein sollten.

DREI ▷

Schrauben Sie die Halbpalisaden von innen an der Unterseite des Bodens fest. Drehen Sie den Behälter um und verschrauben Sie Boden und Seiten. Die Halbpalisaden sorgen dafür, dass der Behälter keinen Bodenkontakt hat.

◁ VIER

Messen Sie den Kasten aus und schneiden Sie die Folie zu. Geben Sie dabei ein paar Zentimeter zu.

PFLANZEN

Es gibt viele verschiedene Pflanzen, die sich für dieses Projekt eignen. Doch Sie sollten Ihren Enthusiasmus zügeln und nicht zu viele Pflanzen einsetzen. Mit den richtigen Abständen sehen die Pflanzen vielleicht einen Monat oder auch ein bisschen länger ein wenig spärlich aus, doch sie werden sich schnell entwickeln. Ein zu üppig bepflanzter Wassergarten dieser Art würde kein Erfolg haben.

① *Typha minima*
② *Lobelia x speciosa* 'Queen Victoria'
③ *Caltha palustris* 'Flore Pleno'
④ *Iris laevigata*
⑤ *Myriophyllum aquaticum*
⑥ *Veronica beccabunga*

Weitere für dieses Element geeignete Pflanzen:
Acorus calamus 'Variegatus'
Primula sikkimensis

◁ FÜNF

Legen Sie den Kasten sorgfältig mit der Folie aus und tackern Sie diese an das Holz. Schneiden Sie überstehende Folie mit einem scharfen Messer ab.

SECHS ▷

Schneiden Sie das Ende der Leisten im 45°-Winkel zu, damit sie an den Ecken aneinander passen. Bohren Sie mit einem dünnen Bohrer Löcher für die Schrauben in die Leisten. Legen Sie die Leisten auf und schrauben Sie sie an die Kastenwände.

Sieben ▷

Setzen Sie an einer Seite des Kastens einen wasserdichten, ca. 25 cm tiefen Kunststoffbehälter ein, der groß genug ist, um die Pumpe aufzunehmen. Füllen Sie den Kasten um den Behälter mit Wasserpflanzenerde. Eine ökonomischere Alternative besteht darin, den Behälter 15 cm hoch mit feinem Kies zu füllen und darauf Pflanzenerde zu geben.

◁ Acht

Nehmen Sie die Pflanzen aus ihren Behältern und setzen Sie sie direkt in die Erde.

△ Neun

Wenn alle Pflanzen eingesetzt sind, bedecken Sie die Erdoberfläche mit einer großzügig bemessenen Kiesschicht.

◁ Zehn

Füllen Sie den Kunststoffbehälter mit Wasser und setzen Sie die Tauchpumpe hinein. Das Kabel wird diskret unter der Zierleiste entlanggeführt und am besten vom Laub einer Pflanze kaschiert.

Mit dem Strom

Dieses Wasserelement bietet die einmalige Gelegenheit,
bewegtes Wasser auf ganz natürliche Weise auf die Terrasse zu bringen.
Der Behälter ist aus Holz und mit Teichfolie ausgelegt. Doch Sie
können dafür jeden wasserdichten Behälter geeigneter Größe verwenden.

SIE BENÖTIGEN

- einen Holzkasten
- Teichfolie
- Bruchsteine oder eine vorgefertigte Kaskaden-einheit
- eine Tauchpumpe
- einen Wasserpflanzen-Korb oder großen Kunstoff-topf mit Löchern
- Steine
- Kunststoff-Windschutznetz
- Wasserpflanzenerde

Das Zauberwort hier heißt Schlichtheit, denn der Blickfang sollten die Steine sein, die im Zentrum dieses Wasserelements die Kaskade bilden. Dieser Blickfang lässt sich wie hier aus natürlichen Bruchsteinen gestalten, kann aber auch aus einer handelsüblichen Kaskadeneinheit bestehen. Doch Naturstein passt viel besser zu diesem Arrangement und lässt Ihnen mehr Freiheit bei der Gestaltung des Wasserlaufes. Wählen Sie aber die Steine, die Sie verwenden wollen, sehr sorgfältig aus, da weiche Materialien wie Sandstein oder frisch gebrochener Kalkstein das Wasser trüben können.

Sobald der Holzkasten an seinem vorbestimmten Platz steht und mittels Folie wasserdicht gemacht wurde, kann das Mittelstück aus Steinen zusammengesetzt werden. Achten Sie darauf, dass ein elektrischer Anschluss in der Nähe ist und der Behälter waagerecht und freisteht. Bringen Sie die Tauchpumpe in Position und stülpen Sie einen Wasserpflanzen-Korb oder einen großen Topf mit Löchern als Schutz darüber. Achten Sie darauf, dass das Wasser so tief ist, dass die Pumpe vollständig bedeckt ist. Sie muss ständig unter Wasser stehen. Errichten Sie dann den Steinaufbau über der Pumpe und um sie herum.

Wie die Steine und Pflanzen angeordnet werden, ist eine Frage des persönlichen Geschmacks. Die beste Variante besteht jedoch darin, an einem Ende des Wassergartens Wasser über die Kaskade plätschern zu lassen und es so zu lenken, dass es wie ein Bächlein wirkt. Natürlich führt dieses Bächlein nirgendwohin. Es sieht auf Grund der lebhaften Wasserbewegung an einer Seite des Elements nur so aus, als ob es fließt. Formen Sie den Rand des Bächleins mithilfe von kleineren Steinen. Hinter die Steine kommt eine Barriere aus dichtem Kunststoff-Windschutznetz, die möglichst nicht sichtbar sein sollte. Dahinter kann dann Wasserpflanzenerde aufgefüllt werden, in der die Pflanzen wachsen sollen. Das Netz verhindert, dass die Erde in den Wasserlauf gespült wird.

Sie können die Pflanzen zu beiden Seiten des Bächleins direkt in die Erde setzen. Hier wurden *Iris versicolor* 'Kermesina' und *I. laevigata* 'Rose Queen' verwendet, die für Höhe sorgen, während die Sumpfdotterblume, *Caltha palustris*, einen frühen Farbtupfer bildet. Das sorgfältige Arrangement von *Calla palustris* lässt den steinernen Rand des Bächleins sanfter wirken.

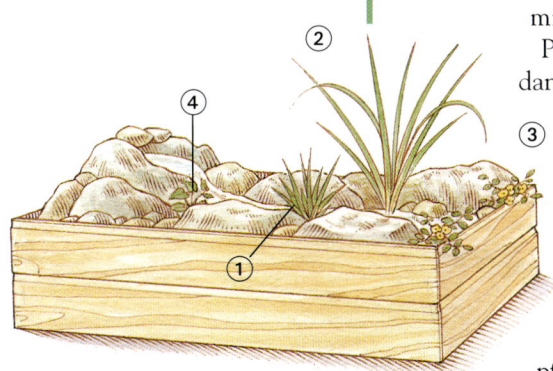

PFLANZEN

1. *Iris laevigata* 'Rose Queen'
2. *Iris versicolor* 'Kermesina'
3. *Caltha palustris*
4. *Calla palustris*

Für Zimmer und Wintergarten

In der Zimmergärtnerei wird Wasser erst
seit relativ kurzer Zeit eingesetzt, aber
auch hier ist es eine schöne Abwechslung.
Sie können nicht nur das ganze Jahr über
Freude am Wasser haben, sondern es
auch mit wesentlich mehr Pflanzen
kombinieren als draußen. Ob im Wohn-
zimmer oder im Wintergarten –
Wasser ist immer etwas Schönes. Und da
es für Luftfeuchtigkeit sorgt, hat es auch
einen ganz praktischen Nutzen.

Wasser marsch!

Ein auf einem Seerosenblatt sitzender Frosch, der Wasser speit –
eine originelle Idee, die nicht nur Kinder begeistern wird.
Besonders charmant ist der überraschte Ausdruck des Froschs; ganz so,
als sei er über das aus seinem Maul kommende Wasser verwundert.

SIE BENÖTIGEN

- einen wasserspeienden Frosch
- einen Terrakotta- oder Keramikkübel
- eine Tauchpumpe
- Wasserpflanzenerde
- Kies (wenn gewünscht)
- einen Topf mit seitlichen Löchern (wenn gewünscht)

Gärtnern sollte Spaß machen, ob drinnen oder draußen. Und auch wenn viele Gärtner nach wie vor nur Pflanzen und Naturmaterialien für den Garten akzeptieren, so zeigt doch ein Blick in die Geschichte, dass auch das Originelle, Lustige und Ausgefallene schon immer seinen Platz hatte, vor allem in Form von Figuren.

Für einen Brunnen wie diesen können Sie jeden Behälter verwendet. Da es aber der Frosch sein soll, auf den sich das Augenmerk richtet, sollten Sie vorzugsweise einen schlichten Terrakotta- oder Keramikkübel in einer zurückhaltenden Farbe wählen. Ein grell gefärbter oder lebhaft gemusterter Kübel lenkt zu sehr vom Frosch ab.

Der Frosch kann zwar überall im Behälter positioniert werden, am besten ist jedoch ein Platz an der Seite, damit der Wasserspeier richtig zur Geltung kommt. Wenn Sie den Frosch in die Mitte setzen, müssen Sie den Druck des Wasserstrahls reduzieren, damit das Wasser nicht über den Rand fließt. Der Auffangbehälter kann mit Wasser gefüllt und mit einigen Pflanzen bestückt sein, Sie können ihn aber auch mit Kieseln füllen. Wenn Sie sich für diese Variante entscheiden, müssen Sie einen Topf mit seitlichen Löchern umgedreht in den Kübel stellen, in dem das Wasser für die Pumpe gesammelt wird. Das Seerosenblatt mit dem Frosch kommt dann auf diesen Topf. Vielleicht ist es aber doch noch schöner, wenn es so aussieht, als schwimme das Seerosenblatt direkt auf offenem Wasser.

Bei der Verwendung im Zimmer sorgen solche Wasserelemente für wertvolle Feuchtigkeit in meist trockener Luft. Für die Randbepflanzung können Sie auf interessante subtropische Pflanzen zurückgreifen, die für draußen zu empfindlich sind. Hier wurde z. B. die kleine, gelb blühende Zimmerkalla *Zantedeschia elliottiana* verwendet, eine wunderschöne Pflanze, die einen schönen Kontrast zum filigranen, grasartigen Laub von *Cyperus isocladus* bildet.

PFLANZEN

① *Cyperus isocladus*
② *Zantedeschia elliottiana*

Steine im Topf

Der Reiz dieses Wasserelements liegt im Eindruck der Bewegung, in den Farben der nassen Steine und dem attraktiven Keramikkübel. Das Arrangieren ist nicht ganz einfach, doch das Ergebnis ist die Mühe wert.

SIE BENÖTIGEN
- einen Keramikkübel
- eine Tauchpumpe
- einen Topf mit Löchern oder Wasserpflanzenkorb mit kleinen Öffnungen
- Juteleinen oder alte Strumpfhose
- Wasserpflanzenerde
- Kies
- einen Mittelstein mit Bohrloch

Bei diesem Vorschlag ist die Pumpe in der Mitte des Kübels positioniert und von einem umgedrehten Topf mit seitlichen Löchern oder einem umgedrehten Kunststoff-Pflanzkorb bedeckt, die das Wasser durchlassen. Topf bzw. Korb bilden eine Kammer um die Pumpe, sodass sie nicht mit störenden Steinen oder Erde in Berührung kommt.

Die Pflanzen werden in Vierecke aus Juteleinen gesetzt, die Wasserpflanzenerde enthalten. Sehr gut eignen sich auch alte Strumpfhosen, die in der benötigten Größe abgeschnitten, mit Erde gefüllt und zugebunden werden. Die Pflanzen werden durch kleine, in das Gewebe geschnittene Löcher eingesetzt. Das feinmaschige Strumpfmaterial verhindert, dass Erde in das Wasser gelangt und es verunreinigt, außerdem ist es flexibel und lässt sich gut in die um die Pumpenkammer vorhandenen Räume einpassen. Wenn wie hier nur wenig Platz zur Verfügung steht, müssen Sie darauf achten, Pflanzen auszuwählen, deren Wurzelsystem solche beengten Verhältnisse toleriert.

Es empfiehlt sich, die Kammer vor dem Bepflanzen mit zwei oder drei größeren Steinen festzukeilen. Platzieren Sie dann die Pflanzbeutel an der jeweils gewünschten Stelle. Legen Sie ziemlich große Kiesel um und auf die Pflanzbeutel, sodass diese nicht mehr sichtbar sind. Darauf kommt der vorgebohrte, als Blickfang dienende Mittelstein, in dessen Bohrloch der Auslass der Pumpe geführt wird. Verwenden Sie einen Mittelstein aus Sand- oder Kalkstein, achten Sie jedoch darauf, dass er schon gut verwittert ist und eine harte äußere Schicht aufweist, sodass er im Wasser nicht allmählich erodiert. Vom Stein abfallende Krümel und Bröckchen können die Pumpe beschädigen. Frisch gebrochene Steine sehen zwar oft hell und sauber aus, zerbröckeln aber unter Umständen ziemlich schnell.

Kombinieren Sie einige aufrecht wachsende Pflanzen für dieses Element, wählen Sie aber auch mindestens eine kriechende Pflanze, wie z. B. die Papageienfeder *Myriophyllum aquaticum*, die den Rand bedeckt. Höhe und Charakter bekommt das Ganze durch Pflanzen wie das Pfeilkraut *Sagittaria sagittifolia* 'Flore Pleno' mit seinen hübschen gefüllten Blüten, die Korkenzieherbinse *Juncus effusus* 'Spiralis' und den japanischen Zwergrohrkolben *Typha minima*. Alle diese Pflanzen wirken zusammen sehr schön und gedeihen auch dann, wenn ihre Wurzeln nur wenig Platz haben.

PFLANZEN
1. *Juncus effusus* 'Spiralis'
2. *Myriophyllum aquaticum*
3. *Typha minima*
4. *Sagittaria sagittifolia* 'Flore Pleno'

Musik und Bewegung

Das ist ein wirklich attraktives Wasserelement für Zimmer oder Wintergarten, bei dem das Wasser ruhig um und über die Metallblätter fließt. Es wirkt am besten, wenn es einen sehr hellen Standort hat oder mit einem Spot beleuchtet wird.

SIE BENÖTIGEN
- ein fertiges Brunnenelement mit Metallblättern
- zerkleinerte Holzkohle (Filterkohle)
- Wasserpflanzenerde
- alte Strumpfhose
- künstliche Pflanzen (wenn gewünscht)

Zu diesem Element gehört eine unauffällige Pumpe, die Sie einfach anschließen und anstellen müssen, um das Ganze zu beleben. Die Metallkonstruktion ist zwar allein auch schon effektvoll, einige wenige Pflanzen erhöhen den Reiz aber noch.

Bei einem kleinen Zimmerbrunnen wie diesem geht durch Verdunstung viel Flüssigkeit verloren. Sie müssen daher immer frisches Wasser nachfüllen. Damit das Wasser auch frisch bleibt, sollten Sie einen Esslöffel feiner Holzkohle zusetzen (wie sie etwa in Aquarienfiltern verwendet wird, daher auch der Name Filterkohle). Bei einer so geringen Menge Wasser, das sich noch dazu ständig bewegt, ist es schwierig, die Wasserqualität durch das Einsetzen von Unterwasserpflanzen zu erhöhen. Sie würden zwar gedeihen, aber bald ein unansehnliches Gewirr bilden. Unser Behälter wurde mit hübschen Kieseln gefüllt, die gut zu den Pflanzen passen, dem Ganzen Stabilität verleihen und das Problem der Wasserreinhaltung entschärfen.

Es gibt nur wenige zarte Pflanzen, die nicht allzu viel Platz einnehmen und sich für die Ränder des Behälters eignen. Verschiedene Sorten von *Acorus gramineus* und auch der Zwergpapyrus *Cyperus isocladus* gehören dazu. Sie müssen jedoch sorgfältig positioniert werden. Glücklicherweise brauchen diese Pflanzen nur wenig Substrat und können mit einer reichlichen Hand voll Wasserpflanzenerde auskommen, die in Pflanzbeutel aus alten Strumpfhosen gefüllt wird. Die Beutel kommen dann an die entsprechende Stelle im Behälter und verhindern, dass Substrat in das Wasser gelangt und es verunreinigt.

Bei einem so kleinen Element wie diesem können auch künstliche Pflanzen in Erwägung gezogen werden, zumal den qualitativ höherwertigen Wasser und Wärme nichts ausmachen und alle an schwierigen Stellen eingesetzt werden können. Hier wurde künstlicher Efeu um die Stängel der Metallblätter gewunden. Er gibt dem Element ein attraktives, natürlicheres Aussehen.

PFLANZEN
① *Acorus gramineus* 'Ogon'
② *Cyperus isocladus*

Mini-Wassergarten für's Regal

🌿

*Das ist zwar eher ein Luftbefeuchter als ein Wasserelement,
doch wenn das gewählte Gefäß tief genug ist, spricht nichts dagegen,
das Ganze in einen Mini-Wassergarten zu verwandeln.*

SIE BENÖTIGEN

- ein Keramik- oder Terrakottagefäß
- eine Tauchpumpe
- einen kleinen Topf mit Löchern
- Kies
- einen Mittelstein mit Bohrloch
- zerkleinerte Holzkohle (Filterkohle)
- alte Strumpfhose
- Wasserpflanzenerde

Ein solches Wasserelement wird oft als Tischbrunnen bezeichnet. Wenn der Tisch allerdings von allen Seiten zugänglich ist, gibt es ein Problem mit dem Stromkabel, das ja möglichst nicht zu sehen sein sollte. Besser steht solch ein Brunnen auf einem Regal oder einer Anrichte, wo das Kabel besser versteckt werden kann.

Die Pumpe befindet sich in einer kleinen Kammer, die leicht aus einem umgedrehten Topf geschaffen werden kann. Er muss Löcher für das Wasser haben. Die Brunnenschale kann zwar offenes Wasser enthalten, besser ist es jedoch, das Gefäß mit gut gewaschenen Kieseln zu füllen, um die Pumpenkammer unsichtbar zu machen. Auf die Kiesel kommt der Wasserfall-Stein, durch dessen Bohrloch der Pumpenauslass geführt wird.

Die oberste Kiesschicht ist sehr wichtig, da sie den optischen Eindruck des Brunnens bestimmt. Die Kiesel sollten ungefähr gleichgroß sein und eine Farbe haben, die gut mit der des zentralen Wasserfallsteins harmoniert. Wenn Sie dem Wasser etwas Holzkohle zusetzen, bleibt es frisch und klar. Geben Sie einen Esslöffel zerkleinerter Holzkohle zu (Filterkohle für Aquarien). Damit werden mögliche Geruchsprobleme und die Verfärbung der Kiesel durch Algenbewuchs von vornherein verhindert.

Setzen Sie die Pflanzen in Wasserpflanzenerde, die vorher in Pflanzbeutel aus alten Strumpfhosen gefüllt wurde. So können sich Zwergpflanzen wie die Sorten von *Acorus gramineus* oder der kleine *Cyperus isocladus* gut entwickeln, auch wenn sie von Kieseln umgeben sind. Eine ausgezeichnete Alternative zur Bepflanzung dieses Brunnens ist auch *Pleioblastus pygmaeus*.

In den Wintermonaten müssen Sie dafür sorgen, dass die Pflanzen genügend Licht bekommen. Wenn sie an einem hellen Platz stehen, behalten sie die Blätter und kümmern nicht. Sollten die Pflanzen doch eingehen, ist es am besten sie herauszunehmen und den Brunnen bis zum nächsten Frühjahr ohne Pflanzen zu betreiben.

② ①

PFLANZEN

① *Acorus gramineus* 'Variegatus'

② *Cyperus isocladus*

Rustikaler Blickfang

Dieser Wassergarten kommt mit seiner schlichten Bepflanzung und seinem rustikalen Stil vor dem Hintergrund anderer, farbenfroher Pflanzen besonders gut zur Geltung. Das über die Steinkaskade fließende Wasser gibt dem Ganzen einen ländlichen Touch.

◁ EINS

Legen Sie eines der Sechsecke auf den Boden und schrauben Sie die Seitenteile daran. Benutzen Sie dazu 12 Eckverbinder und 12,5-mm-Schrauben.

ZWEI ▷

Legen Sie das Kaskadenelement auf das obere, noch nicht angeschraubte Sechseck. Ziehen Sie die Umrisse nach. Die ca. 4 cm breite Stützleiste sollte vom Kaskadenelement etwas überragt werden. Schneiden Sie die Öffnungen mit einer Stichsäge aus.

◁ DREI

Schrauben Sie die restlichen 12 Eckverbinder oben an die Seitenteile und befestigen Sie das obere Sechseck mit 12,5-mm-Schrauben.

PFLANZEN

Dieses Wasserelement bezieht seine Wirkung vorrangig aus dem rustikalen Stil und der Schlichtheit des fließenden Wassers, deshalb werden nur wenige Pflanzen eingesetzt. Am besten sieht es aus, wenn links und rechts von der Kaskade zwei attraktive Blütenpflanzen derselben Art stehen. Eine Alternative zu unserem Vorschlag wäre *Iris laevigata*, die zwar wesentlich strenger wirkt, aber – wenn auch nur für kurze Zeit – wunderschöne Blüten hervorbringt. Sie könnten auch eine schwimmende Wasserpflanze einsetzen, vermeiden Sie jedoch Teppich bildende Arten wie Azolla. Unterwasserpflanzen, wie z. B. *Myriophyllum aquaticum*, sorgen für zusätzliche optische Reize.

① *Carex elata 'Bowles' Golden'*
② *Stratiotes aloides*
③ *Myriophyllum aquaticum*

◁ **VIER**
Verleihen Sie der Konstruktion zusätzlich Stabilität, indem Sie die Seitenteile mit 2,5-cm-Schrauben an Boden und Abdeckung schrauben. Streichen Sie den Behälter anschließend mit einem farbigen Holzschutzmittel.

FÜNF ▷
Streichen Sie die Latten mit Holzschutzmittel in einer kontrastierenden Farbe. Befestigen Sie die Latten mit Nägeln (2,5 cm) oder Schrauben.

◁ **SECHS**
Schneiden Sie die Teichfolie zu und legen Sie den Behälter sorgfältig damit aus. Befestigen Sie die Folie, indem Sie sie an die Unterseite des oberen Sechsecks tackern.

◁ SIEBEN

Stellen Sie den fertigen, einsatzbereiten Behälter an einem freien, sonnigen Standort auf.

▽ NEUN

Bohren Sie dazu ein Loch in den Boden und schrauben Sie das Element an die Auflage. Ein weiteres Loch in der Rückseite des Elements nimmt den Pumpenauslass auf.

ACHT ▷

Nehmen Sie die Pflanzen vorsichtig aus den Töpfen und setzen Sie sie in Pflanzkörbe mit Wasserpflanzenerde. Decken Sie die Erde mit feinem Kies ab. Positionieren Sie die Körbe im Behälter. Benutzen Sie Ziegelsteine oder umgedrehte Pflanzkörbe, um die Pflanzen in die richtige Höhe zu bringen. Wenn die Pflanzen an ihrem Platz sind, können Sie das Kaskadenelement befestigen.

△ ZEHN

Füllen Sie den Behälter mit Wasser und setzen Sie die Pumpe ins Wasser. Verbinden Sie die Pumpe mit dem Kaskadenelement und das Kabel mit der Stromquelle.

Kräutertopf-Pyramide

❧

Der aus mehreren kleinen Terrakottatöpfen bestehende Kräutertopf hat Tradition in der Gestaltung von Wasserelementen, da er sich wunderbar für fließendes Wasser eignet. Dieses Element ist für Zimmer oder Wintergarten gedacht, kann aber im Sommer auch im Freien stehen.

SIE BENÖTIGEN

- einen Terrakotta-Kräutertopf
- ein großes dekoratives Gefäß
- eine Tauchpumpe
- einen Topf mit Löchern oder feinmaschiges Drahtgeflecht
- Kies
- Wasserpflanzenerde
- alte Strumpfhose
- künstliche Pflanzen (wenn gewünscht)

Bei diesem Element dient das große Gefäß als Wasserspeicher für die Pumpe, die auf dem Boden liegt. Sie können die Pumpe mit einem großen umgedrehten Topf mit Löchern schützen, durch die das Wasser zurückfließen kann. Auch der Auslass der Pumpe wird durch ein Loch geführt.

Als Alternative können Sie verschraubtes, feinmaschiges Drahtgeflecht verwenden. Es sieht zwar nicht besonders kräftig aus, doch wenn Sie eine ausreichende Menge einsetzen, können Sie einen Käfig um die Pumpe bauen, der so stabil ist, dass er Kies und den Terrakotta-Kräutertopf halten kann. Befestigen Sie am Boden des mittleren Topfes ein Stück Kunststoffrohr oder -schlauch, das den Auslass-Schlauch der Tauchpumpe aufnehmen kann.

Die Pflanzen werden in Wasserpflanzenerde gesetzt, die in Strumpfmaterial gewickelt wird, das dann gut verknotet werden muss. Diese Beutel geben der Pflanze Raum zur Ausbildung der Wurzeln und verhindern gleichzeitig eine Eintrübung des Wassers. Sie können die Erdbeutel dann in die vorhandenen Lücken drücken und mit Kies umgeben und abdecken, um sie unsichtbar zu machen.

Zu den hier verwendeten Pflanzen gehören ziemlich empfindliche, aber auch einigermaßen unempfindliche. *Cyperus isocladus* ist eine tropische Pflanze, die aber auch recht kühle Temperaturen verträgt. *Acorus gramineus* 'Ogon' ist zwar frosthart, leidet aber bei sehr strenger Kälte. Dagegen ist das kriechende Pfennigkraut, *Lysimachia nummularia* 'Aurea', extrem winterhart. Bei einer solchen Pflanzenzusammenstellung kommt es darauf an, die richtige Temperatur aufrechtzuerhalten. Zu viel Wärme führt vor allem bei gleichzeitigem Lichtmangel zu Wachstumsdeformationen. Wenn die Bedingungen für die Pflanzen im Winter so schlecht sind, dass sie kümmern, empfiehlt es sich, sie ganz herauszunehmen und das Element erst im Frühling wieder zu bepflanzen.

Obwohl Pflanzenliebhaber, die etwas auf sich halten, normalerweise keine künstlichen Pflanzen einsetzen, kann man bei einem Wasserelement, das ohne grünes Laub kahl aussieht, vielleicht doch einmal eine Ausnahme machen und mit einigen der jetzt erhältlichen hochwertigen Kunstpflanzen experimentieren. Wenn Bedingungen herrschen, unter denen natürliche Pflanzen leiden, ist das vielleicht die beste Lösung.

PFLANZEN

1. *Acorus gramineus* 'Ogon'
2. *Cyperus isocladus*
3. *Lysimachia nummularia* 'Aurea'

Eckensteher

*Dieses transportable Wasserelement eignet sich hervorragend dazu,
Wasser in ein Gewächshaus zu bringen. Es kann mit einem
kleinen Springbrunnen versehen werden, entfaltet seine Wirkung
aber auch ohne bewegtes Wasser.*

EINS ▷

Schrauben und kleben
Sie das Vorderteil und
die Seitenteile an den
Boden. Benutzen Sie
dazu die 12 Eckver-
binder und 12,5-mm-
Schrauben.

△ ZWEI

Schneiden Sie mit der Stichsäge
die Öffnung für den Teich aus
dem oberen Dreieck. Lassen Sie
an zwei Seiten eine 15 cm breite
Ablage stehen.

◁ DREI

Bestreichen Sie den
oberen Rand des
Behälters mit Leim
und legen Sie das
obere Dreieck darauf.

Sie können dieses Element
an alle räumlichen Ge-
gebenheiten anpassen, da
es keinerlei Probleme berei-
tet, den Behälter länger oder
tiefer zu bauen. In unserem
Vorschlag ist er so klein,
dass er leicht zu transpor-
tieren ist.

- 1,50 x 1,50 m großes
  Quadrat aus Außensperr-
  holz (ca. 10 mm dick);
  diagonal in zwei Dreiecke
  geschnitten
- zwei Teile 1,50 x 0,30 m
  und ein Teil 1,75 x 0,30 m
  aus Außensperrholz
- 1,75 m Zierleiste
- zwei 90 cm lange Gitterteile
- 12 Eckverbinder
- Schrauben 5 cm und
  12,5 mm
- Leim
- Stifte
- farbiges wasserlösliches
  Holzschutzmittel
- Schraubenzieher,
  Hammer, Bohrmaschine,
  Tacker, Stichsäge
- Teichfolie
- Wasserpflanzenerde
- Kies
- Ziegel oder Pflanzkörbe
  für Wasserpflanzen

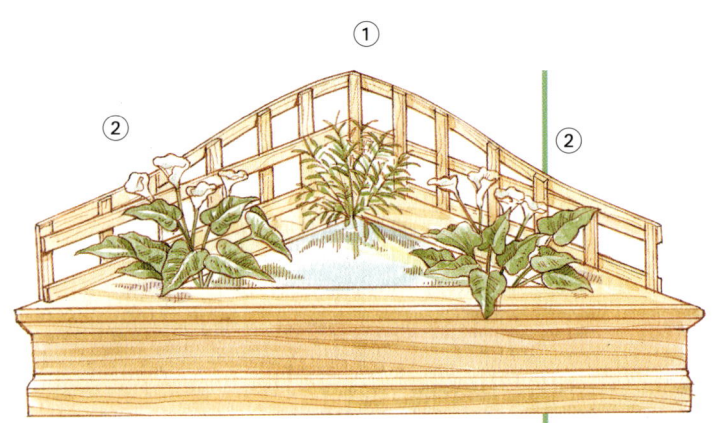

① Pleioblastus pygmaeus
② Zantedeschia aethiopica

VIER ▷
Befestigen Sie das
Oberteil mit Stiften
an den Seitenteilen.

PFLANZEN

Für einen Teich wie diesen eignen
sich nur relativ wenige Pflanzen, da
die meisten tropischen Pflanzen viel
zu groß und üppig werden. Neben
Wasserpflanzen können Sie zahlreiche dekorative Zimmerpflanzen auf
die Ablagen stellen und das Element
so immer wieder verändern. Die meisten Pflanzen werden von der vom
Teich abgegebenen Feuchtigkeit profitieren. Wenn Sie Pflanzen verwenden, die mit wenig Licht auskommen,
kann dieses Element auch im Zimmer
stehen.

① *Pleioblastus pygmaeus*
② *Zantedeschia aethiopica*

**Andere für dieses Element
geeignete Pflanzen:**
Cyperus isocladus
Zantedeschia elliottiana

◁ **FÜNF**
Streichen Sie den
gesamten Behälter
mit Holzschutzmit-
tel. Lassen Sie den
Anstrich trocknen.
Befestigen Sie dann
die Zierleiste durch
Anschrauben von
innen am Vorder-
teil.

SECHS ▷
Bohren Sie die Gitterteile vor,
damit das Holz beim Schrauben
nicht splittert, und schrauben
Sie die Teile so an die Behälterseiten, dass sie eine Ecke bilden.

SIEBEN ▷

Schneiden Sie die Teichfolie etwas größer zu als erforderlich und legen Sie den Behälter sorgfältig damit aus. Befestigen Sie die Folie, indem Sie sie an die Unterseite des oberen Dreiecks tackern. Schneiden Sie überstehende Folie ab.

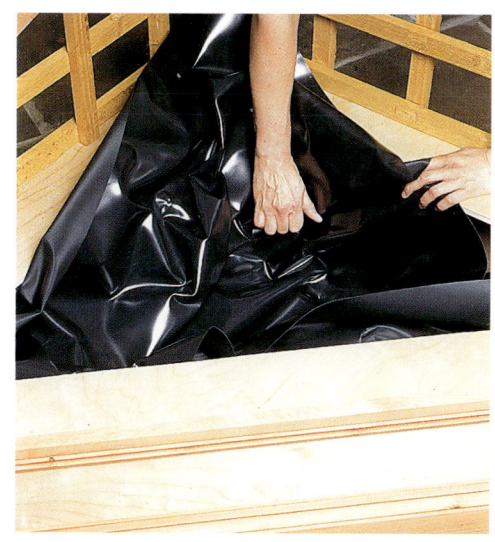

▽ NEUN

Setzen Sie die Pflanzen in mit Wasserpflanzenerde gefüllte Pflanzkörbe und decken Sie die Erde mit Kies ab. Stellen Sie die Körbe vorsichtig auf die Ziegel oder Körbe im Teich.

△ ACHT

Jetzt kann der Behälter bepflanzt werden. Stellen Sie Ziegelsteine oder umgedrehte Pflanzkörbe als Unterlage für die Pflanzen in die Ecken.

ZEHN ▷

Füllen Sie den Behälter mit Wasser. Achten Sie dabei darauf, den Wasserstrahl nicht direkt auf die Pflanzen zu richten.

Pflanzen- verzeichnis

Dieses Verzeichnis umfasst nur eine Auswahl der Pflanzen, die für Wassergärten in kleineren Behältern geeignet sind. Bei Ihrer Wahl sollten Sie die Form des Behälters beachten und bei Verwendung des Elements im Freien natürlich auch die klimatischen Bedingungen. Die im Folgenden beschriebenen Pflanzen sind in der Regel unproblematisch und wachsen nicht so üppig, was bei den beengten Verhältnissen in einem kleinen Behälter nicht unwichtig ist.

Hinweise zum Verzeichnis

*Die Pflanzen im Verzeichnis sind alphabetisch nach
ihren lateinischen Namen geordnet. Alle Informationen,
die Sie über eine Pflanze benötigen, sind unter den
im Folgenden genannten Rubriken aufgeführt. Das Spektrum
von Wasserpflanzen, die für Behälter-Wassergärten
einsetzbar sind, ist sehr breit. Für dieses Verzeichnis wurden
jene ausgewählt, die keine zu speziellen Ansprüche
an klimatische und andere Bedingungen haben.*

Beim Kauf von Wasserpflanzen sollten Sie darauf achten, dass es sich um Exemplare aus Zuchtbetrieben handelt. Manche preiswerten Wasserpflanzen stammen aus der freien Natur, das ist nicht nur illegal, die Pflanzen wachsen auch viel schlechter an und können außerdem unerwünschte Schädlinge oder Krankheiten in Ihren Wassergarten einschleppen.

① Der **botanische Name** ist international. Hier wurden die Namen verwendet, die auch in Zuchtbetrieben und im Fachhandel üblich sind.

② Der **gemeinsprachliche Name** wird von Laien verwendet um eine Pflanze zu bezeichnen.

③ Das **Temperatur-Minimum** ist die niedrigste Wintertemperatur, bei der eine Pflanze überleben kann. Bedenken Sie aber, dass das Überleben auch von anderen Faktoren abhängt, etwa wie stark eine Pflanze dem Wind ausgesetzt ist.

④ Die **Zone,** die für jede Pflanze mit einer oder mehreren Nummern angegeben wird, bezieht sich auf die Karten mit den Winterhärte-Zonen auf S. 114 – 115.

⑤ Die **Charakteristika** geben Auskunft über Wuchsform, Blätter und Blüten der Pflanze, außerdem die Höhe, die in einer Saison erreicht werden kann. Bei schwimmenden und Tiefwasserpflanzen, wie z. B. Seerosen, wird die Ausdehnung auf der Wasseroberfläche angegeben.

⑥ Die **Kulturhinweise** geben Auskunft über spezielle Bedürfnisse der Pflanze und zur Vermehrung.

Das feuchtigkeitsliebende Primula beesiana.

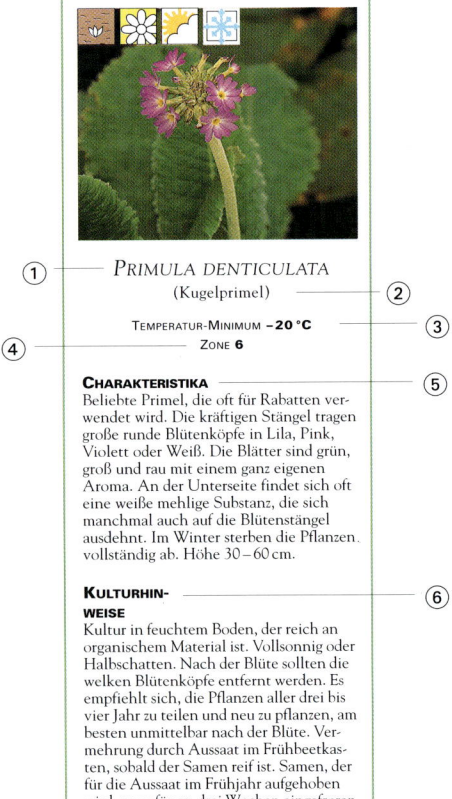

① **PRIMULA DENTICULATA**

② (Kugelprimel)

③ TEMPERATUR-MINIMUM **−20 °C**

④ ZONE **6**

CHARAKTERISTIKA ⑤

Beliebte Primel, die oft für Rabatten verwendet wird. Die kräftigen Stängel tragen große runde Blütenköpfe in Lila, Pink, Violett oder Weiß. Die Blätter sind grün, groß und rau mit einem ganz eigenen Aroma. An der Unterseite findet sich oft eine weiße mehlige Substanz, die sich manchmal auch auf die Blütenstängel ausdehnt. Im Winter sterben die Pflanzen vollständig ab. Höhe 30 – 60 cm.

KULTURHIN-WEISE ⑥

Kultur in feuchtem Boden, der reich an organischem Material ist. Vollsonnig oder Halbschatten. Nach der Blüte sollten die welken Blütenköpfe entfernt werden. Es empfiehlt sich, die Pflanzen aller drei bis vier Jahr zu teilen und neu zu pflanzen, am besten unmittelbar nach der Blüte. Vermehrung durch Aussaat im Frühbeetkasten, sobald der Samen reif ist. Samen, der für die Aussaat im Frühjahr aufgehoben wird, muss für ca. drei Wochen eingefroren werden, damit die Samenruhe beendet wird.

HINTER DEN SYMBOLEN IN DEN PFLANZENFOTOS STEHEN DIE FOLGENDEN INFORMATIONEN:

Tiefwasserpflanzen sind jene Pflanzen, die in der Tiefenzone auf dem Grund wachsen und auf der Oberfläche schwimmende Blätter haben, z. B. Seerosen. Trotz der Bezeichnung Tiefwasserpflanzen vertragen sie auch die geringere Wassertiefe eines Behälters, sie bilden dann nur keine Blätter oberhalb der Wasserfläche aus.

Randpflanzen sind jene Pflanzen, die normalerweise im flachen Wasser am Rand eines Teiches wachsen. Sie vertragen stehendes Wasser oder sehr nassen Boden das ganze Jahr über. Diese Pflanzengruppe ist die wichtigste für Behälter-Wassergärten.

Sumpfpflanzen unterscheiden sich von den Randpflanzen dadurch, dass sie kein stehendes Wasser vertragen, vor allem nicht im Winter. Sie benötigen sehr nassen Boden.

Schwimmpflanzen sind Wasserpflanzen, die frei auf der Wasseroberfläche treiben. Sie beziehen ihre Nahrung direkt aus dem Wasser. Im Herbst sinken sie oft nach unten und nehmen die Form einer Turonie oder Überwinterungsknospe an.

Unterwasserpflanzen befinden sich vollständig im Wasser, können aber Blüten oberhalb der Oberfläche hervorbringen. Diese Pflanzen helfen das Wasser klar und frisch zu halten.

Blütezeit (wenn zutreffend)

Frühjahr   *Sommer*   *Herbst*   *nicht nur eine Jahreszeit*

Verunkrautung Diese Pflanzen gelten in manchen Ländern als Unkraut. Verunkrautung ist nicht unbedingt ein Nachteil, sondern bedeutet erst einmal nur, dass die Pflanze ihre weniger wüchsigen Nachbarn erdrückt, wenn man nicht aufpasst. Außerdem besteht die Gefahr, dass sie sich im Garten ausbreitet und lästig wird.

Winterhärte Damit wird angezeigt, wie viel Kälte eine Pflanze tolerieren kann, bevor sie Schaden nimmt. Wenn es im Winter zum Wechsel zwischen kalten und relativ milden Temperaturen kommt, können Pflanzen auch bei höheren Temperaturen eingehen, weil sie schon zum Wachstum angeregt, dann aber wieder von der Kälte angegriffen wurden.

 Volle Sonne Benötigt einen vollsonnigen Standort.

 Leichter Schatten Verträgt leichten Schatten.

Das wunderschöne Orchideenprimel Primula vialii.

ACORUS CALAMUS 'VARIEGATUS'
(Buntkalmus)

TEMPERATUR-MINIMUM **– 15 °C**
ZONE **7**

CHARAKTERISTIKA
Sehr winterharte Randpflanze mit kontrastreichen, cremefarben-grün-rosé-gestreiften Blättern, die schwertförmig wie die einer Iris sind und nach Mandarinen riechen, wenn sie verletzt werden. Die ersten Triebe im Frühjahr sind hellrot gefärbt und sprießen aus dicken, fleischigen Rhizomen. Die nicht sehr auffälligen gelblich-grünen Blütenstände erscheinen in der Mitte des Sommers zwischen den Blättern. Höhe 90 – 120 cm.

KULTURHINWEISE
Will feuchten Boden oder bis zu 5 cm Wasser an einem freien, sonnigen Standort. Vermehrung durch Teilung der fleischigen Rhizome während der Wachstumsperiode. Pflanzen Sie nur kräftige junge Blattfächer und mustern Sie alte, holzige Rhizome aus.

ACORUS GRAMINEUS 'MINIMUS'
(Zwerg-Graskalmus)

TEMPERATUR-MINIMUM **– 6 °C**
ZONE **9**

CHARAKTERISTIKA
Halb-immergrüne Randpflanze mit kleinen, grasartigen, dunkelgrünen Blättern. Im Sommer bilden sich zwischen den Blättern manchmal unauffällige hornähnliche Blütenstände. Bei frostfreien Bedingungen ist die Pflanze immergrün. Bei Temperaturen unter Null stirbt sie ab, oft verschwindet sie auch ganz, besonders wenn sie im Wasser steht. Höhe bis zu 8 cm.

KULTURHINWEISE
Will feuchten Boden oder bis zu 2 cm Wasser an einem freien, sonnigen Standort. Wächst am besten unter frostfreien Bedingungen im Gewächshaus oder Wintergarten mit einer Mindesttemperatur von ca. 15 °C. Vermehrung durch Teilung ausgewachsener Pflanzen im Frühjahr oder Frühherbst.

ACORUS GRAMINEUS 'OGON'

TEMPERATUR-MINIMUM **– 6 °C**
ZONE **9**

CHARAKTERISTIKA
Halb-immergrüne Randpflanze mit kleinen, schmalen, irisartigen Blättern mit cremefarbener und gelblicher Zeichnung. In der Mitte des Sommers erscheinen wenige kleine, hornähnliche Blütenstände zwischen den Blättern, die aber kaum auffallen. Unter frostfreien Bedingungen ist die Pflanze immergrün. Auf subtropische Temperaturen spricht sie gut an. Wenn die Temperaturen unter Null fallen, stirbt sie bis auf das kleine, drahtige, kriechende Rhizom ab und erscheint erst im nächsten Frühjahr wieder. Höhe bis zu 10 cm.

KULTURHINWEISE
Will feuchten Boden oder bis zu 2 cm Wasser an einem freien, sonnigen Standort oder – vorzugsweise – in einem Gewächshaus mit einer Mindesttemperatur von ca. 15 °C. Vermehrung durch Teilung ausgewachsener Pflanzen im Frühjahr oder Frühherbst.

ACORUS GRAMINEUS 'VARIEGATUS'
(Buntblättriger Graskalmus)

TEMPERATUR-MINIMUM **– 6 °C**
ZONE **9**

CHARAKTERISTIKA

Halb-immergrüne Randpflanze mit kleinen, schmalen, irisartigen Blättern mit wunderschöner dunkelgrün-cremefarbener Zeichnung. Die kleinen, hornähnlichen Blütenstände sind unauffällig und werden nur von den aufmerksamsten Gärtnern bemerkt. Unter frostfreien Bedingungen bleibt die Pflanze kräftig und grün. Wenn die Temperaturen unter Null fallen, stirbt sie bis auf das winzige Rhizom ab und erscheint erst im nächsten Frühjahr wieder. Höhe bis zu 10 cm.

KULTURHINWEISE

Will feuchten Boden oder bis zu 2 cm Wasser an einem freien, sonnigen Standort. Obwohl die Pflanze einigermaßen winterhart ist, sollte sie besser im Gewächshaus mit einer Mindesttemperatur von ca. 15 °C stehen. Vermehrung durch Teilung ausgewachsener Pflanzen im Frühjahr oder Frühherbst.

ALISMA LANCEOLATUM
(Lanzettblättriger Froschlöffel)

TEMPERATUR-MINIMUM **– 20 °C**
ZONE **6**

CHARAKTERISTIKA

Äußerst frostharte Randpflanze mit dunkelgrünen lanzett- oder ellipsenförmigen Blättern. Der Pflanzenballen breitet sich kaum aus. In der Mitte des Sommers erscheinen dreiblättrige pinkfarbene Blüten an eleganten, verzweigten Blütenständen. Im Winter stirbt die Pflanze vollständig ab. Höhe 40 – 60 cm.

KULTURHINWEISE

Will feuchten Boden oder bis zu 15 cm Wasser an einem freien, sonnigen Standort. Nach der Blüte sollten Sie die verwelkten Blütenstände schnell entfernen, da die Pflanzen sich sonst durch Selbstaussaat stark vermehren. Vermehrung durch Teilung gut entwickelter Pflanzen im Frühjahr oder durch Aussaat gleich nach der Reife.

ALISMA PLANTAGO-AQUATICA
(Gewöhnlicher Froschlöffel)

TEMPERATUR-MINIMUM **– 20 °C**
ZONE **6**

CHARAKTERISTIKA

Äußerst frostharte Randpflanze mit leuchtend grünen ovalen Blättern, die aufrecht aus dem Wasser ragen. Zwischen den Blättern entwickeln sich lockere, pyramidenförmige Blütenstände mit papierartigen weißen oder rosafarbenen Blüten. Die nach der Blüte verholzenden alten Blütenstände können für Dekorationszwecke, z. B. Trockensträuße, verwendet werden. Im Winter stirbt die Pflanze vollständig ab. Höhe 60 – 90 cm.

KULTURHINWEISE

Will feuchten Boden oder bis zu 15 cm Wasser an einem freien, sonnigen Standort. Nach der Blüte sollten Sie die verwelkten Blütenstände schnell entfernen, um eine unerwunschte Selbstaussaat zu verhindern. Vermehrung durch Teilung der Pflanzen im Frühjahr oder durch Aussaat gleich nach der Reife.

APONOGETON DISTACHYOS
(Afrikanische Wasserähre)

TEMPERATUR-MINIMUM **–15 °C**
ZONE **7**

CHARAKTERISTIKA
Unterwasserpflanze, deren Blätter auf der Wasseroberfläche schwimmen. Die Blätter sind annähernd rechteckig mit abgerundeten Enden. Sie sind olivgrün mit wenigen braunen oder violetten Sprenkeln. Der knapp über dem Wasser erscheinende Blütenstand gabelt sich in zwei Ähren. Die Blüten haben zwei weiße Blätter und dunkle Staubbeutel. Sie duften stark nach Vanille. Die Pflanze blüht den ganzen Sommer über. Ausdehnung 45 – 60 cm.

KULTURHINWEISE
Will 30 – 90 cm Wasser an einem vollsonnigen Standort. Am besten in einen kleinen Pflanzkorb mit Wasserpflanzenerde setzen. Vermehrung durch Teilung ausgewachsener Pflanzen im zeitigen Frühjahr oder durch Aussaat der noch grünen Samen in Töpfe mit sehr nasser Erde.

ASTILBE X CRISPA 'PERKEA'

TEMPERATUR-MINIMUM **–20 °C**
ZONE **6**

CHARAKTERISTIKA
Frostharte mehrjährige Zwergsorte, die viel Feuchtigkeit braucht. Die hübschen bronzefarbenen Blätter sind gefiedert. In Mitt- und Spätsommer bilden sich locker-fedrige Rispen mit pinkfarbenen Blüten. In den Wintermonaten stirbt die Pflanze völlig ab. Höhe 20 cm.

KULTURHINWEISE
Will reichhaltigen humosen Boden mit guter Wasserhaltefähigkeit und einen sonnigen Standort. Die Pflanze verträgt zwar eine gelegentliche Überschwemmung, sollte aber besser in feuchter Erde statt in stehendem Wasser wachsen. Die welken Blütenrispen sollten unmittelbar nach der Blüte entfernt werden. Vermehrung durch Teilung des verholzten Wurzelhalses im Herbst oder zeitigen Frühjahr.

AZOLLA CAROLINIANA
(Feenmoos)

TEMPERATUR-MINIMUM **–15 °C**
ZONE **7**

CHARAKTERISTIKA
Schwimmfarn mit zarten blassgrünen Sprossen, die oft rötlich angelaufen sind. Bei starker Sonneneinstrahlung und im Herbst färbt sich die Pflanze rötlichbraun. Da es sich um einen echten Farn handelt, gibt es keine Blüten.

KULTURHINWEISE
Will einen freien, sonnigen Standort und vorzugsweise leicht alkalisches Wasser. Die frei schwimmende Pflanze verträgt keine strengen Witterungsbedingungen. Wer in Gegenden mit kalten Wintern Verlusten vorbeugen will, kann am Ende der Wachstumsperiode einen Teil der Sprosse abteilen und in ein mit Wasser gefülltes Gefäß legen, auf dessen Boden etwas Wasserpflanzenerde gegeben wurde. Die Pflanze wird darin an einem hellen, frostfreien Platz überwintert und im Frühjahr wieder ausgesetzt. Vermehrung durch Teilung der Sprosse.

BUTOMUS UMBELLATUS
(Schwanenblume)

TEMPERATUR-MINIMUM **– 25 °C**
ZONE **5**

CHARAKTERISTIKA

Äußerst frostharte binsenartige Randpflanze von eleganter Erscheinung. Die schmalen hellgrünen Blätter sind grundständig und in sich leicht verdreht. Im Spätsommer werden große attraktive Dolden mit hellrosa Blüten produziert. Es gibt auch eine weiß blühende Form. Im Winter stirbt die Pflanze ab und ruht vollständig. Höhe 60 – 90 cm.

KULTURHINWEISE

Will feuchten Boden oder bis zu 25 cm Wasser an einem freien, sonnigen Standort. Welke Blütendolden sollten entfernt werden. Seerosenblattläuse können mit einem starken Wasserstrahl abgespritzt werden. Vermehrung durch Entnahme von Brutknöllchen an der Basis ausgewachsener Pflanzen im zeitigen Frühjahr oder durch Teilung der Pflanze in der Wachstumsperiode.

CALLA PALUSTRIS
(Sumpfkalla)

TEMPERATUR-MINIMUM **– 30 °C**
ZONE **4**

CHARAKTERISTIKA

Randpflanze, die im späten Frühjahr und Frühsommer blüht. An die Stelle der kleinen weißen Blüten, die an Segel erinnern, treten im Spätsommer und Frühherbst orangerote Früchte. Die kriechende, breitflächig wachsende Pflanze entwickelt starke Triebe, die dicht mit hellgrün-glänzenden herzförmigen Blättern besetzt sind. Höhe 15 – 30 cm.

KULTURHINWEISE

Will feuchten Boden oder bis zu 5 cm Wasser an einem freien, sonnigen Standort. Die Pflanzen wuchern bald so stark, dass sie jedes Frühjahr herausgenommen, geteilt und neu gepflanzt werden sollten. Vermehrung durch Aussaat gleich nach der Reife oder mittels kurzer Triebstücke (mit je einer Knospe), die in Schalen mit nasser Erde gelegt werden.

CALTHA LEPTOSEPALA
(Herzblättrige Sumpfdotterblume)

TEMPERATUR-MINIMUM **– 35 °C**
ZONE **3**

CHARAKTERISTIKA

Kleine Randpflanze, die nicht zu stark wächst. Die dunkelgrünen nierenförmigen Blätter bieten auch einen hübschen Anblick, wenn die Pflanze nicht blüht. Im späten Frühjahr und Frühsommer bilden sich weiße Blüten, deren Form an eine Untertasse erinnert. Im Winter stirbt die Pflanze vollkommen ab. Höhe 15 – 45 cm.

KULTURHINWEISE

Will feuchten Boden oder bis zu 5 cm Wasser an einem sonnigen Standort. Verwelkte Blüten sollten entfernt werden. Zur Erhaltung der Wuchsfreude sollten die Pflanzen aller zwei Jahre herausgenommen und geteilt werden. Vermehrung durch Teilung der Pflanzen nach der Blüte oder durch Aussaat in Töpfe mit nasser Erde gleich nach der Reife.

CALTHA PALUSTRIS
(Sumpfdotterblume)

TEMPERATUR-MINIMUM **–35 °C**
ZONE **3**

CHARAKTERISTIKA

Hübsche, früh blühende Randpflanze, die sehr winterhart ist. Die dunkelgrünen nierenförmigen Blätter bilden einen Hügel, die Blüten sind goldgelb und wächsern. 'Alba' hat kleinere weiße Blüten mit gelbem Zentrum, 'Flore Pleno' hat leuchtend goldgelbe, gefüllte Blüten. Die Pflanze stirbt im Winter vollkommen ab. Höhe 30 – 60 cm.

KULTURHINWEISE

Will feuchten Boden oder bis zu 30 cm Wasser an einem sonnigen Standort. Im Sommer kann es zu Mehltau- und Pilzbefall kommen, durch die das Laub geschädigt wird. Behandeln Sie bei schlimmem Befall mit einem organischen Fungizid und entfernen Sie welke Blüten und schadhafte Blätter. Vermehrung durch Teilung ausgewachsener Pflanzen im Frühjahr oder durch Aussaat in Töpfe mit nasser Erde gleich nach der Reife.

CAREX ELATA
'BOWLES' GOLDEN'
(*syn. C. elata* 'Aurea')
(Streifsegge)

TEMPERATUR-MINIMUM **–15 °C**
ZONE **7**

CHARAKTERISTIKA

Wunderschöne horstbildende Sumpfgarten-Segge mit rauen, grasartigen Blättern in Goldgelb mit schmalen grünen Rändern. Im Sommer erscheinen unauffällige Blütenstände, die normalerweise entfernt werden, um die Wirkung der Blätter nicht zu beeinträchtigen. In milden Wintern ist die Pflanze mehr oder weniger immergrün. Höhe 40 – 60 cm.

KULTURHINWEISE

Bevorzugt feuchten Boden und einen freien, sonnigen Standort. Im Winter sollte die Pflanze nicht im Wasser stehen. Die schönste Goldfärbung wird in nährstoffarmem Boden erreicht. Sehr nährstoffreicher Boden führt meist zu blassgrünen Blättern. Vermehrung durch Teilung ausgewachsener Pflanzen im zeitigen Frühjahr.

CERATOPHYLLUM DEMERSUM
(Raues Hornblatt)

TEMPERATUR-MINIMUM **–10 °C**
ZONE **8**

CHARAKTERISTIKA

Unterwasserpflanze mit nadelförmigen dunkelgrünen Blättern, die borstige Enden haben und quirlig an den schlanken, spröden Sprossen angeordnet sind. Im zeitigen Frühjahr sind die Sprosse zeitweise am Teichboden verankert, den Großteil des Jahres treiben sie jedoch frei direkt unterhalb der Wasseroberfläche. Den Winter übersteht die Pflanze in Form von Überwinterungsknospen, wenn das Wasser im Frühjahr wieder wärmer wird, erscheint sie wieder.

KULTURHINWEISE

Sehr anpassungsfähige Unterwasserpflanze für vollsonnige oder halbschattige Standorte. Wird zwar meist als Büschelpflanze in Wasserelemente gesetzt, wurzelt aber nur äußerst selten. Normalerweise wächst die Pflanze ungehindert direkt unterhalb der Wasseroberfläche. Vermehrung durch Teilung und Neuverteilung der verzweigten Sprosse.

CYPERUS ISOCLADUS
(syn. C. 'Haspan')
(Zwergpapyrus)

TEMPERATUR-MINIMUM **0 °C**
ZONE **10**

CHARAKTERISTIKA

Zwergform der berühmten ägyptischen Papyrusstaude. Geeignet für kleine Wasserelemente in geschlossenen Räumen. Die elegante Pflanze hat gedrungene Stängel, die in schirmartige Kronen sehr zarter, hellgrüner Blätter auslaufen. Die bräunlichen Blüten sind nicht von Bedeutung. An einem warmen Standort (mindestens 15 °C) ist die Pflanze immergrün. Höhe 60–90 cm.

KULTURHINWEISE

Toleriert als Randpflanze alles von feuchtem Boden bis zu 15 cm Wasser. Die Pflanze fühlt sich an einem vollsonnigen Standort am wohlsten, verträgt aber auch leichten Schatten. Die Wuchsfreude wird durch Teilung in der Wachstumsperiode angeregt. Die Nachttemperatur sollte nicht unter 15 °C fallen.

EGERIA DENSA
(syn. Elodea densa)
(Argentinische Wasserpest)

TEMPERATUR-MINIMUM **–5 °C**
ZONE **9**

CHARAKTERISTIKA

Unterwasserpflanze, die der sehr winterharten Krausen Wasserpest (*Lagarosiphon major*) ähnelt und oft mit ihr verwechselt wird. Die dunkelgrünen Blätter stehen in dichten Quirlen an den starken grünen Stängeln. Die Blüten sind nicht von Bedeutung. Bei Aquarianern ist diese Pflanze sehr beliebt. Sie ist wintergrün, wenn die Temperatur nicht unter den Gefrierpunkt absinkt.

KULTURHINWEISE

Sollte eine Mindestwassertemperatur von 10 °C haben, damit der üppige, kräftige Eindruck nicht verlorengeht. Die Pflanzen sollten in einem Container am Grund des Wasserelements verwurzelt sein. Vermehrung durch kurze Stängelstecklinge, die in der Wachstumsperiode genommen und mit Schnur zusammengebunden werden. Diese Bündel werden dann gleich am vorgesehenen Standort gepflanzt.

ELEOCHARIS ACICULARIS
(Nadelsimse)

TEMPERATUR-MINIMUM **–15 °C**
ZONE **7**

CHARAKTERISTIKA

Unterwasserpflanze, die wie ein Grasteppich aussieht, jedoch nicht mit Gras, sondern mit Binsen und Seggen eng verwandt ist. Die Pflanze ist selbst bei Minustemperaturen wintergrün. Das Laub ist hellgrün. Höhe bis zu 20 cm.

KULTURHINWEISE

Die perfekte Unterwasserpflanze für kleine Tröge und Becken. Sie breitet sich rasenartig aus, wuchert aber nicht allzu stark. Die Pflanze ist zwar winterhart, spricht aber auch auf tropische Bedingungen gut an. Vermehrung durch Teilung. Im Gegensatz zu den meisten anderen Unterwasserpflanzen schlagen Stecklinge keine Wurzeln.

ELODEA CANADENSIS
(Kanadische Wasserpest)

TEMPERATUR-MINIMUM **–20 °C**
ZONE **6**

CHARAKTERISTIKA

Diese schöne und sehr weit verbreitete Wasserpflanze wächst vollständig unter Wasser. Die kleinen dunkelgrünen Blätter stehen in sehr dichten Quirlen an stark verzweigten Stängeln. Wenn die Temperaturen nicht zu stark absinken, bleibt die Pflanze wintergrün. Sie ist besonders dort wertvoll, wo Fische vorhanden sind.

KULTURHINWEISE

Elodea canadensis steht zwar im Ruf, sehr stark zu wuchern, man kann sie aber einigermaßen im Zaum halten, wenn man sie in einen Behälter pflanzt. Obwohl die Pflanze wintergrün ist, sollte sie alljährlich durch Stecklinge aus dem neuen Frühjahrswachstum ersetzt werden. Binden Sie jeweils einige Stecklinge vor dem Einpflanzen locker zusammen. Diese Methode gilt auch für die Vermehrung.

HOSTA FORTUNEI 'GOLD STANDARD'
(Goldfunkie)

TEMPERATUR-MINIMUM **–20 °C**
ZONE **6**

CHARAKTERISTIKA

Mehrjährige Sumpfpflanze mit strukturierten abgerundeten Blättern in Goldgelb mit dunkelgrünem Rand. Wird im Wesentlichen wegen der Blätter gepflanzt, bringt in der Mitte des Sommers aber auch Trauben blassvioletter glockenförmiger Blüten hervor. Funkien sterben mit dem ersten Frost ab und verschwinden im Winter völlig. Höhe 40–60 cm.

KULTURHINWEISE

Will kein stehendes Wasser, sondern nassen Boden, der reich an organischem Material ist. Kann sonnig oder halbschattig stehen. Zu Beginn der Wachstumsperiode ist ein Schneckenschutz zu empfehlen. Vermehrung durch Teilung ausgewachsener Pflanzen im zeitigen Frühjahr. Zu dieser Zeit sollte sich der Ballen leicht teilen lassen, nachdem er mit einer Gabel vorsichtig aus dem Boden gehoben wurde.

HOSTA PLANTAGINEA
(Lilienfunkie)

TEMPERATUR-MINIMUM **–20 °C**
ZONE **6**

CHARAKTERISTIKA

Mehrjährige Sumpfpflanze mit glänzenden grünen Blättern, deren Adern deutlich hervortreten und deren Ränder gewellt sind. Wird im Wesentlichen wegen der Blätter gepflanzt, bringt in der Mitte des Sommers aber auch Stängel mit hängenden weißen Blüten hervor, die sehr wohlriechend sind. Funkien sterben mit dem ersten Frost ab und verschwinden im Winter völlig. Höhe 40–60 cm.

KULTURHINWEISE

Will kein stehendes Wasser, sondern nassen Boden, der reich an organischem Material ist. Kann sonnig oder halbschattig stehen. Zu Beginn der Wachstumsperiode ist ein Schneckenschutz zu empfehlen. Vermehrung durch Teilung ausgewachsener Pflanzen im zeitigen Frühjahr. Zu dieser Zeit sollte sich der Ballen leicht teilen lassen, nachdem er mit einer Gabel vorsichtig aus dem Boden gehoben wurde.

HOSTA SIEBOLDIANA 'ELEGANS'
(Blaublattfunkie)

TEMPERATUR-MINIMUM **– 20 °C**
ZONE **6**

CHARAKTERISTIKA

Mehrjährige Sumpfpflanze mit wunderschönen ovalen Blättern in Stahlblau, deren Oberfläche gerippt und wellig ist. Wird im Wesentlichen wegen der Blätter gepflanzt, bringt in der Mitte des Sommers aber auch kräftige Blütenstände mit hübschen blassvioletten oder weißlichen Blüten hervor. Funkien sterben mit dem ersten Frost ab und verschwinden im Winter völlig. Höhe 40 – 60 cm.

KULTURHINWEISE

Will kein stehendes Wasser, sondern nassen Boden, der reich an organischem Material ist. Kann sonnig oder halbschattig stehen. Zu Beginn der Wachstumsperiode ist ein Schneckenschutz zu empfehlen. Vermehrung durch Teilung ausgewachsener Pflanzen im zeitigen Frühjahr. Zu dieser Zeit sollte sich der Ballen leicht teilen lassen, nachdem er mit einer Gabel vorsichtig aus dem Boden gehoben wurde.

HOSTA SIEBOLDIANA 'FRANCES WILLIAMS'

TEMPERATUR-MINIMUM **– 20 °C**
ZONE **6**

CHARAKTERISTIKA

Mehrjährige Sumpfpflanze. Die schönen blaugrünen Blätter haben eine gerippte Oberfläche und einen beigefarbenen Rand. Wird im Wesentlichen wegen der Blätter gepflanzt, bringt in der Mitte des Sommers aber auch kräftige Blütenstände mit hängenden blassvioletten oder weißlichen Blüten hervor. Funkien sterben mit dem ersten Frost ab und verschwinden im Winter völlig. Höhe 40 – 60 cm.

KULTURHINWEISE

Will kein stehendes Wasser, sondern nassen Boden, der reich an organischem Material ist. Kann sonnig oder halbschattig stehen. Zu Beginn der Wachstumsperiode ist ein Schneckenschutz zu empfehlen. Vermehrung durch Teilung ausgewachsener Pflanzen im zeitigen Frühjahr. Zu dieser Zeit sollte sich der Ballen leicht teilen lassen, nachdem er mit einer Gabel vorsichtig aus dem Boden gehoben wurde.

HOSTA 'THOMAS HOGG'

TEMPERATUR-MINIMUM **– 20 °C**
ZONE **6**

CHARAKTERISTIKA

Mehrjährige Sumpfpflanze mit kräftig-grünen, weiß umrandeten Blättern. Wird im Wesentlichen wegen der Blätter gepflanzt, bringt in der Mitte des Sommers aber auch Stängel mit zarten hängenden Blüten in Lila hervor. Funkien sterben mit dem ersten Frost ab und verschwinden im Winter völlig. Höhe 25 – 40 cm.

KULTURHINWEISE

Will kein stehendes Wasser, sondern nassen Boden, der reich an organischem Material ist. Kann sonnig oder halbschattig stehen. Zu Beginn der Wachstumsperiode ist ein Schneckenschutz zu empfehlen. Vermehrung durch Teilung ausgewachsener Pflanzen im zeitigen Frühjahr. Zu dieser Zeit sollte sich der Ballen leicht teilen lassen, nachdem er mit einer Gabel vorsichtig aus dem Boden gehoben wurde.

HOSTA UNDULATA 'MEDIO-VARIEGATA'
(Wellblattfunkie)

TEMPERATUR-MINIMUM **–20 °C**
ZONE **6**

CHARAKTERISTIKA

Mehrjährige Sumpfpflanze mit gewellten lanzettförmigen Blättern, die cremefarben-grün gezeichnet sind. Wird im Wesentlichen wegen der Blätter gepflanzt, bringt in der Mitte des Sommers aber auch schlanke Blütenstände mit zarten glockenförmigen Blüten in Hellviolett hervor. Funkien sterben mit dem ersten Frost ab und verschwinden im Winter völlig. Höhe 25 – 40 cm.

KULTURHINWEISE

Will kein stehendes Wasser, sondern nassen Boden, der reich an organischem Material ist. Kann sonnig oder halbschattig stehen. Zu Beginn der Wachstumsperiode ist ein Schneckenschutz zu empfehlen. Vermehrung durch Teilung ausgewachsener Pflanzen im zeitigen Frühjahr. Zu dieser Zeit sollte sich der Ballen leicht teilen lassen, nachdem er mit einer Gabel vorsichtig aus dem Boden gehoben wurde.

HOSTA VENTRICOSA
(Glockenfunkie)

TEMPERATUR-MINIMUM **–20 °C**
ZONE **6**

CHARAKTERISTIKA

Mehrjährige Sumpfpflanze mit schmalen, leicht gewellten hellgrünen Blättern. Wird im Wesentlichen wegen der Blätter gepflanzt, bringt in der Mitte des Sommers aber auch Blütenstände mit attraktiven hängenden Blüten in kräftigem Violett hervor. Funkien sterben mit dem ersten Frost ab und verschwinden im Winter völlig. Höhe 30 – 50 cm.

KULTURHINWEISE

Will kein stehendes Wasser, sondern nassen Boden, der reich an organischem Material ist. Kann sonnig oder halbschattig stehen. Zu Beginn der Wachstumsperiode ist ein Schneckenschutz zu empfehlen. Vermehrung durch Teilung ausgewachsener Pflanzen im zeitigen Frühjahr. Zu dieser Zeit sollte sich der Ballen leicht teilen lassen, nachdem er mit einer Gabel vorsichtig aus dem Boden gehoben wurde.

HOUTTUYNIA CORDATA 'CHAMELEON'
(syn. H. cordata 'Variegata')
(Buntblatt)

TEMPERATUR-MINIMUM **–25 °C**
ZONE **5**

CHARAKTERISTIKA

Mehrjährige Rand- oder Sumpfgartenpflanze mit wunderschönen gelb-rot-violett-grün gezeichneten Blättern. Obwohl hier in die Winterhärte-Zone 5 eingeordnet, sollten Sie dem Standort große Aufmerksamkeit schenken, da die jungen Triebe frostempfindlich sind. Die annähernd herzförmigen Blätter verströmen einen unangenehmen Geruch, wenn sie verletzt werden. Im Sommer erscheinen wenige kleine Blüten in Cremeweiß. Im Winter stirbt die Pflanze vollständig ab. Höhe 15 – 30 cm.

KULTURHINWEISE

Wählen Sie einen sonnigen Standort mit feuchtem Boden. Houttuynien wachsen zwar auch in bis zu 5 cm Wasser, ihr Erscheinungsbild ist jedoch in feuchtem Boden insgesamt besser. Vermehrung durch Teilung der Pflanze, sobald sie im Frühjahr wieder erscheint.

HOUTTUYNIA CORDATA 'FLORE PLENO'

TEMPERATUR-MINIMUM **– 25 °C**
ZONE **5**

CHARAKTERISTIKA

Mehrjährige Rand- oder Sumpfgartenpflanze mit annähernd herzförmigen blaugrünen Blättern, die oft violett angelaufen sind. Die Blätter riechen unangenehm, wenn sie verletzt werden. Die gefüllten kegelförmigen Blüten sind cremeweiß und ragen aus den Blättern hervor. Höhe 15 – 30 cm.

KULTURHINWEISE

Kann zwar im stehenden Wasser wachsen, sollte aber als Feuchtigkeit liebende Pflanze behandelt und daher in feuchten Boden, der reich an organischem Material ist, gepflanzt werden. Der Standort muss gut überlegt sein, da die Pflanze insgesamt zwar winterhart ist, ihre jungen Triebe aber sehr empfindlich gegen Schäden durch Spätfröste im Frühjahr sind. Vermehrung durch Teilung der Pflanze, sobald sie im Frühjahr wieder erscheint.

HYDROCHARIS MORSUS-RANAE
(Froschbiss)

TEMPERATUR-MINIMUM **– 30 °C**
ZONE **4**

CHARAKTERISTIKA

Kleine frostharte Schwimmpflanze, die wie eine winzige Seerose aussieht. Die weißen Blüten haben drei Kelchblätter und ein gelbes Zentrum. Sie sind zart und papierartig und erscheinen den gesamten Sommer über. Wenn der Winter kommt, entwickeln sich Überwinterungsknospen, die auf den Grund des Teiches sinken und dort überwintern. Wenn die Wassertemperatur wieder steigt, entstehen daraus neue Blattrosetten.

KULTURHINWEISE

Diese frei schwimmende Pflanze gedeiht am besten an einem sonnigen warmen Ort. Die Überwinterungsknospen können aus dem Wasser genommen und in einem mit etwas Erde und Wasser gefüllten Gefäß überwintert werden. Dieses Gefäß kommt an einen frostfreien hellen Standort. So kann frühes Wachstum angeregt werden. Vermehrung durch Teilung und Neuverteilung der so gewonnenen Pflanzen im Sommer.

IRIS ENSATA
(syn. *I. kaempferi*)
(Japanische Prachtiris)

TEMPERATUR MINIMUM **– 20 °C**
ZONE **6**

CHARAKTERISTIKA

Eine der schönsten Irisarten für den Sumpfgarten. Die Pflanze bildet Büschel schmaler, schwertförmiger oder breiterer, grasartiger Blätter. Im Sommer erscheinen die großen samtigen Blüten in einem dunklen Violett. Es gibt viele attraktive Zuchtsorten, u.a. 'Queen of the Blues' (blau-violett), 'Pink Frost' (pink-violett), 'Gold Bound' (gelb) und die wunderschöne blau-violett blühende Sorte 'Variegata' mit ihren creme-grün-gestreiften Blättern. Höhe 60 – 75 cm.

KULTURHINWEISE

Alle Zuchtsorten von *I. ensata* mögen kein alkalisches Milieu, deshalb sollte dem Substrat viel Torf zugesetzt werden. Im Sommer ist eine Überflutung kein Problem, doch im Winter dürfen diese Iris nur in feuchtem Boden stehen. Verwelkte Blüten sollten entfernt werden. Vermehrung durch Teilung unmittelbar nach der Blüte.

IRIS LAEVIGATA
(Sumpfiris)

TEMPERATUR-MINIMUM **–20 °C**
ZONE **6**

CHARAKTERISTIKA

Eine unkomplizierte winterharte Randpflanze, deren flexible schwertförmige Blätter Horste bilden. Im Sommer erscheinen die wunderschönen blauen Blüten. Die Auswahl an Namensorten ist groß, dazu gehören u. a. 'Colchesteri' (blau-violett/weiß), 'Rose Queen' (hellrosa), 'Snowdrift' (reinweiß) und die blau blühende buntblättrige Sorte 'Variegata'. Höhe 60–90 cm.

KULTURHINWEISE

Will einen freien, sonnigen Standort und ein reichhaltiges Substrat. Kann in bis zu 10 cm Wasser stehen. Vermehrung durch Teilung ausgewachsener Pflanzen unmittelbar nach der Blüte.

IRIS SIBIRICA
(Gräseriris)

TEMPERATUR-MINIMUM **–30 °C**
ZONE **4**

CHARAKTERISTIKA

Exzellente, sehr winterharte Sumpfgartenpflanze mit kräftigen Horsten schlanker, grasartiger Blätter, aus denen sich die eleganten hellblauen Blüten erheben. Ein Stängel trägt jeweils mehrere Blüten. Es gibt viele Zuchtsorten, darunter 'Butter and Sugar' (weiß und hellgelb), 'Caesar's Brother' (dunkles Blauviolett), 'Perry's Pygmy' (Zwergsorte, blau) und 'Super Ego' (kräftig-blau). Es gibt auch eine niedrige Sorte mit weißen Blüten, 'Little White'. Alle blühen in der Mitte des Sommers. Höhe 45–90 cm.

KULTURHINWEISE

Will einen freien, sonnigen Standort und feuchten Boden. Entfernen Sie nach der Blüte die welken Blüten. Vermehrung durch Teilung ausgewachsener Pflanzen unmittelbar nach der Blüte.

IRIS VERSICOLOR
(Amerikanische Sumpfiris)

TEMPERATUR-MINIMUM **–25 °C**
ZONE **5**

CHARAKTERISTIKA

Erstklassige Randpflanze von kompaktem Wuchs mit schlichten schwertförmigen Blättern. Die violett-blauen Blüten mit ihrer auffälligen gelben Zeichnung erscheinen in der Mitte des Sommers. Die am häufigsten anzutreffende Zuchtsorte ist 'Kermesina' mit kräftig-pflaumenfarbenen Blüten. Höhe 45–60 cm.

KULTURHINWEISE

Will einen freien, sonnigen Standort und reichhaltiges Substrat. Kann in bis zu 10 cm Wasser stehen. Vermehrung durch Teilung ausgewachsener Pflanzen unmittelbar nach der Blüte. Die Stammform kann auch durch Aussaat in Töpfe mit nassem, reichhaltigem Substrat im Frühjahr vermehrt werden.

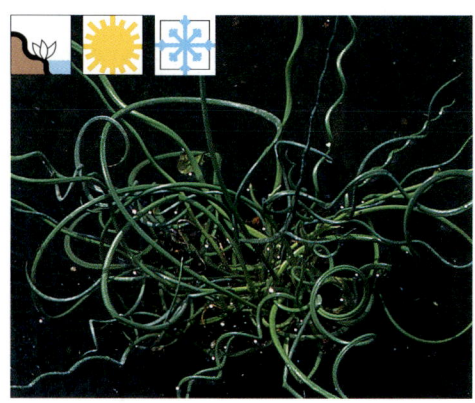

JUNCUS EFFUSUS 'SPIRALIS'
(Korkenzieherbinse)

TEMPERATUR-MINIMUM **– 30 °C**
ZONE **4**

CHARAKTERISTIKA
Originelle winterharte Randpflanze mit weichen, dunkelgrünen Halmen, die gekrümmt und wie ein Korkenzieher verdreht sind. Im Sommer erscheinen seltsame kleine Blüten von bräunlicher Färbung, die nicht sehr interessant sind. Wird vor allem wegen der eigenartig verdrehten Blätter gepflanzt. Höhe 30 – 45 cm.

KULTURHINWEISE
Will einen freien, sonnigen Standort und verträgt bis zu 5 cm Wasser. Sobald gerade Blätter erscheinen, sollten sie herausgenommen werden, ansonsten verdrängen sie bald die gewünschten verdrehten Halme. Vermehrung durch Teilung ausgewachsener Pflanzen im Frühjahr. Achten Sie darauf, immer nur Pflanzen mit verdrehten Halmen einzusetzen.

LAGAROSIPHON MAJOR
(syn. Elodea crispa)
(Krause Wasserpest)

TEMPERATUR-MINIMUM **– 30 °C**
ZONE **4**

CHARAKTERISTIKA
Winterharte Unterwasserpflanze mit langen, fleischigen, dunkelgrünen Stängeln und dunkelgrünen, gekrausten Blättern. Die im Sommer erscheinenden Blüten sind sehr klein und unauffällig. Fast immer wintergrün, außer bei sehr niedrigen Temperaturen.

KULTURHINWEISE
Befindet sich vollständig unter Wasser. Will volle Sonne. Ersetzen Sie die Pflanzen jedes Frühjahr mit Bündeln kurzer Stängelstecklinge, damit erhalten Sie Gesundheit und Wuchsfreude. Beschweren Sie die Stecklingsbündel mit einem Gewicht. Vermehrung durch Stecklinge, die in der Wachstumsperiode genommen werden.

LOBELIA CARDINALIS
'COMPLIMENT SCARLET'
(Scharlachrote Lobelie)

TEMPERATUR-MINIMUM **– 35 °C**
ZONE **3**

CHARAKTERISTIKA
Feuchtigkeit liebende mehrjährige Sumpfpflanze mit wechselständigen, weichen Blättern, über denen sich im Spätsommer Trauben leuchtend roter Blüten erheben. Stirbt im Herbst bis auf Überwinterungs-Blattrosetten ab. Höhe 75 – 90 cm.

KULTURHINWEISE
Will einen freien, sonnigen Standort und nassen Boden. Im Sommer verträgt es die Pflanze, nicht allzu hoch im Wasser zu stehen, im Winter geht sie jedoch nur in feuchter Erde nicht ein. Obwohl die Pflanze in die Winterhärte-Zone 3 gehört, nehmen manche Gärtner lieber einige Rosetten überwinternder Blätter heraus und überwintern sie unter etwas trockeneren Bedingungen im Frühbeetkasten. Vermehrung durch Teilung im Frühjahr oder Herbst oder Aussaat im Gewächshaus sehr früh im Jahr.

LOBELIA x *GERARDII* 'VEDRARIENSIS'

TEMPERATUR-MINIMUM **– 30 °C**
ZONE **4**

CHARAKTERISTIKA

Eine kräftige und leicht zu kultivierende
Mehrjährige, die viel Feuchtigkeit braucht.
Im Spätsommer blüht sie in einem intensiven
Violett. Die Blätter sind blassgrün mit einem violetten Hauch. Stirbt im Herbst bis
auf überwinternde Blattrosetten ab. Höhe
75 – 90 cm.

KULTURHINWEISE

Will einen freien, sonnigen Standort und
feuchten Boden. Diese Lobelie darf nie im
Wasser stehen. Vermehrung durch Teilung
der überwinternden Blattrosetten entweder
im Herbst oder zeitigen Frühjahr. Möglich ist
auch die Aussaat im Frühbeetkasten.

LOBELIA x *SPECIOSA* 'QUEEN VICTORIA'

TEMPERATUR-MINIMUM **– 30 °C**
ZONE **4**

CHARAKTERISTIKA

Feuchtigkeit liebende Mehrjährige mit attraktiven rötlich-violetten Blättern. Im Spätsommer erscheinen Trauben leuchtend roter Blüten. Stirbt im Herbst bis auf überwinternde
Blattrosetten ab. Höhe 75 – 90 cm.

KULTURHINWEISE

Will einen freien, sonnigen Standort und nassen Boden. Die Pflanze verträgt es, wenn
sie im Sommer ab und zu überflutet wird. Im
Winter führt das jedoch dazu, dass sie eingeht.
Obwohl die Pflanze winterhart bis Zone 4 ist,
empfiehlt es sich, eine oder zwei Rosetten
überwinternder Blätter herauszunehmen und
unter etwas trockeneren Bedingungen im
Frühbeetkasten über den Winter zu bringen.
Vermehrung durch Teilung im Herbst oder
zeitigen Frühjahr.

LOBELIA *SPLENDENS* (syn. *L. fulgens*) (Feuerlobelie)

TEMPERATUR-MINIMUM **– 10 °C**
ZONE **8**

CHARAKTERISTIKA

Feuchtigkeit liebende Mehrjährige mit violett-
grünen oder violetten Blättern und großen
Trauben scharlachroter Blüten im Sommer.
Eine wunderschöne, aber etwas unbeständige
Pflanze, die im Herbst bis auf überwinternde
Blattrosetten abstirbt. Höhe 30 – 60 cm.

KULTURHINWEISE

Will einen feuchten Standort, vorzugsweise
vollsonnig. Diese Lobelie möchte überhaupt
nicht im Wasser stehen. Sie kann erhebliche
Kälte überleben, wenn ständig Frost herrscht.
Trotzdem empfiehlt es sich, einige Rosetten
überwinternder Blätter herauszunehmen und
unter etwas trockeneren Bedingungen im
Frühbeetkasten über den Winter zu bringen.
Vermehrung durch Teilung im Herbst oder
Frühjahr oder durch Aussaat im Gewächshaus
im zeitigen Frühjahr.

LOBELIA SYPHILITICA
(Sumpflobelie)

TEMPERATUR-MINIMUM **– 35 °C**
ZONE **3**

CHARAKTERISTIKA
Äußerst winterharte Mehrjährige für nasse, sumpfige Böden. Im Sommer erheben sich Trauben blauer, seltener weißer Blüten über die rauen grünen Blätter. Stirbt im Herbst bis auf überwinternde Blattrosetten ab. Höhe 30–60 cm.

KULTURHINWEISE
Will einen vollsonnigen Standort und nassen Boden. Verträgt auch Halbschatten. Diese Lobelie darf nie im Wasser stehen. Vermehrung durch Teilung der überwinternden Blattrosetten im Frühjahr. Eine andere Möglichkeit ist die Aussaat im Frühbeetkasten, bei den so gezogenen Pflanzen kann es aber zu Abweichungen bei Blütenfarbe und Höhe kommen.

LYSIMACHIA NUMMULARIA
(Pfennigkraut)

TEMPERATUR-MINIMUM **– 30 °C**
ZONE **4**

CHARAKTERISTIKA
Pflegeleichter winterharter Bodendecker für sehr nasse Standorte. Die mehr oder weniger wintergrüne Pflanze kann sogar unter Wasser gedeihen. Fast den gesamten Sommer über erheben sich leuchtend gelbe butterblumenartige Blüten aus dem Laub. Es gibt eine schöne Zuchtsorte mit goldgelben Blättern ('Aurea'), die ebenfalls gelb blüht. Höhe 5 cm.

KULTURHINWEISE
Diese Pflanze ist sehr tolerant, was Boden und Standort angeht, sie gedeiht in Sonne und Schatten sowie in feuchtem Boden oder stehendem Wasser. Sie ist recht wuchsfreudig und sollte aller zwei Jahre durch frische Stecklinge ersetzt werden. Diese schlagen zwischen spätem Frühjahr und Spätsommer in einer Mischung aus gleichen Teilen Torf und grobem Sand schnell Wurzeln.

MATTEUCCIA STRUTHIOPTERIS
(syn. *Struthiopteris germanica*)
(Straußfarn)

TEMPERATUR-MINIMUM **– 40 °C**
ZONE **2**

CHARAKTERISTIKA
Der schönste winterharte Sumpfgartenfarn mit trichterförmig angeordneten gefiederten Wedeln. Obwohl die Pflanze sehr winterhart ist, nehmen die Wedel beim ersten Frost eine kupferne Färbung an und sterben ab. Im Winter stirbt die Pflanze oberirdisch vollständig ab. Höhe 60–90 cm.

KULTURHINWEISE
Sehr vielseitiger Farn, der in feuchtem Boden oder 10–15 cm Wasser stehen kann und volle Sonne oder Halbschatten verträgt. Vermehrung durch Teilung des kriechenden Wurzelstocks im zeitigen Frühjahr. Aus jedem Stück Wurzelausläufer, das einen grünen knöchelartigen Austrieb aufweist, kann sich ein neuer Farn entwickeln.

MENTHA AQUATICA
(Wasserminze)

TEMPERATUR-MINIMUM **−20 °C**
ZONE **6**

CHARAKTERISTIKA
Stark duftende winterharte Mehrjährige mit den typischen Minzeblättern. Das Laub ist von stumpfem Grün, leicht flaumig und sitzt an schlanken violetten oder rötlichen Stängeln. Im Sommer bilden sich in den Blattachseln blassviolette oder pinkfarbene Blütenkränze, die Bienen anziehen. Höhe 20 – 45 cm.

KULTURHINWEISE
Stark wuchernde Pflanze, die in voller Sonne oder Halbschatten gedeiht und in feuchtem Boden oder 10 – 15 cm Wasser stehen kann. Sie lässt sich leicht durch kurze Stängelstecklinge vermehren, die im Sommer genommen werden. Ältere Pflanzen, die verholzt und unansehnlich sind, sollten regelmäßig durch junge ersetzt werden.

MIMULUS x HYBRIDUS 'CALYPSO'

TEMPERATUR-MINIMUM **−10 °C**
ZONE **8**

CHARAKTERISTIKA
Wunderschöne, exotisch anmutende Gauklerblumen-Hybride mit weinroten, roten und gelben Blüten, die den ganzen Sommer über erscheinen. Die Blüten sind geflammt und erinnern an tropische Orchideen. Die grünen, rundlichen Blätter der Feuchtigkeit liebenden Pflanze bilden Hügel. Im Herbst stirbt die Pflanze bis auf überwinternde Blattrosetten ab. Höhe 15 – 20 cm.

KULTURHINWEISE
Will feuchten Boden, toleriert in den Sommermonaten aber auch etwas stehendes Wasser. Obwohl mehrjährig, ist die Pflanze nicht sehr langlebig und geht manchmal im Winter ein. Vermehrung durch Teilung der überwinterten Rosetten im Frühjahr oder durch Aussaat im Gewächshaus, ebenfalls im Frühjahr.

MIMULUS x HYBRIDUS 'MALIBU'

TEMPERATUR-MINIMUM **−10 °C**
ZONE **8**

CHARAKTERISTIKA
Moschushybride der Gauklerblume mit leuchtend orangen Blüten und weichen grünen Blättern, die einen kompakten Hügel bilden. Die großen exotischen Blüten sind fast den gesamten Sommer über zu bewundern. Im Herbst stirbt die Pflanze bis auf überwinternde Blattrosetten ab. Höhe 25 cm.

KULTURHINWEISE
Will feuchten Boden, toleriert in den Sommermonaten aber auch etwas stehendes Wasser. Obwohl mehrjährig, ist die Pflanze nicht sehr langlebig und geht manchmal im Winter ein. Vermehrung durch Aussaat im Gewächshaus im Frühjahr oder durch Teilung der überwinterten Rosetten im Frühjahr.

MIMULUS X HYBRIDUS 'QUEEN'S PRIZE'

TEMPERATUR-MINIMUM **–10 °C**
ZONE **8**

CHARAKTERISTIKA

Moschushybride der Gauklerblume mit großen Blüten, die aber insgesamt nicht sehr groß wird. Die schönen, exotisch anmutenden Blüten haben verschiedene Farben, von Creme bis Rot, und weisen unterschiedliche Flecken und Tüpfel in Schwarz, Braun oder Weiß auf. Die weichen grünen Blätter sind hügelförmig angeordnet. Im Herbst stirbt die Pflanze bis auf überwinternde Blattrosetten ab. Höhe 15 cm.

KULTURHINWEISE

Will feuchten Boden, toleriert in den Sommermonaten aber auch etwas stehendes Wasser. Obwohl mehrjährig, ist die Pflanze nicht sehr langlebig und geht manchmal im Winter ein. Vermehrung durch Teilung der überwinterten Rosetten im Frühjahr oder durch Aussaat im Gewächshaus, ebenfalls im Frühjahr.

MIMULUS LUTEUS
(Gelbe Gauklerblume)

TEMPERATUR-MINIMUM **–15 °C**
ZONE **7**

CHARAKTERISTIKA

Üppig blühende Pflanze für feuchten Boden oder bis zu 15 cm Wasser. Die wüchsige, sich schnell ausbreitende Pflanze hat viele weiche, abgerundete Blätter und blüht den gesamten Sommer über in einem leuchtenden Gelb. Im Herbst stirbt die Pflanze bis auf überwinternde Blattrosetten ab. Höhe 45 – 60 cm.

KULTURHINWEISE

Verträgt leichten Schatten, gedeiht aber in voller Sonne eindeutig am besten. Kann in feuchter Erde oder bis zu 15 cm Wasser stehen. Entfernen Sie welke Blüten regelmäßig, da sich die Pflanze sonst durch Selbstaussaat unerwünscht stark vermehrt. Vermehrung durch Teilung der überwinterten Rosetten oder Aussaat zwischen Frühjahr und Sommer.

MIMULUS RINGENS
(Blaue Gauklerblume)

TEMPERATUR-MINIMUM **–35 °C**
ZONE **3**

CHARAKTERISTIKA

Aufrecht wachsende verzweigte Randpflanze mit schönen lanzettlichen Blättern in einem kräftigen Grün. Die hellvioletten oder blauen Blüten sitzen an aufrechten Stängeln. Im Winter stirbt die Pflanze vollständig ab. Höhe 40 – 45 cm.

KULTURHINWEISE

Will feuchten Boden oder bis zu 15 cm Wasser. Bevorzugt volle Sonne, kann aber auch leichten Schatten tolerieren. Entfernen Sie welke Blüten, das regt das Wachstum und oft eine zweite, wenn auch weniger üppige, Blüte an. Leichte Vermehrung durch Teilung im Frühjahr oder durch Aussaat im Gewächshaus im Frühjahr oder Frühsommer.

MYRIOPHYLLUM AQUATICUM
(syn. M. proserpinacoides)
(Papageienfeder)

TEMPERATUR-MINIMUM – 5 °C
ZONE 9

CHARAKTERISTIKA

Völlig, manchmal aber auch nur teilweise unter Wasser befindliche Pflanze von schönem, fedrigen Habitus. An den kräftigen Stängeln sitzen blaugrüne, fein geschnittene Blätter. Wenn die Blätter über die Wasseroberfläche hinausragen, färben sie sich beim ersten Frost oft rot oder orange. Da die Pflanze nicht zuverlässig winterhart ist, wird sie oft im Gewächshaus gezogen.

KULTURHINWEISE

Papageienfeder sollte am besten als Randpflanze behandelt und in 10–15 cm Wasser gesetzt werden. Wird sie außerhalb des Wassers gezogen, können im Spätsommer einige kurze Stängelstecklinge zur Überwinterung genommen werden. Die Vermehrung erfolgt ebenfalls mittels kurzer Stängelstecklinge, die zusammengebunden und in einem Topf mit reichhaltigem, nassen Substrat bewurzelt werden.

MYRIOPHYLLUM SPICATUM
(Ährenblütiges Tausendblatt)

TEMPERATUR-MINIMUM – 20 °C
ZONE 6

CHARAKTERISTIKA

Unterwasserpflanze mit kleinen roten und gelblichen Blütenähren, die im Sommer aus dem Wasser herausragen. Die fein gegliederten filigranen Blätter sind bronze-grün und bilden an den kräftigen fleischigen Stängeln dichte Büschel. Eine sehr wüchsige Pflanze, die von Fischen geschätzt wird. Stirbt im Winter ab.

KULTURHINWEISE

Wächst untergetaucht (Wasserhöhe bis 90 cm). Ein erstklassiger Sauerstofflieferant, der viel Licht benötigt. Vermehrung durch kurze Stängelstecklinge, die im Frühjahr oder Sommer genommen, zusammengebunden und in einem Topf mit reichhaltigem, nassen Substrat bewurzelt werden.

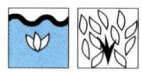

MYRIOPHYLLUM VERTICILLATUM
(Quirlblütiges Tausendblatt)

TEMPERATUR-MINIMUM – 35 °C
ZONE 3

CHARAKTERISTIKA

Äußerst winterharte Unterwasserpflanze mit eleganten, fein gefiederten Blättern in Dunkelgrün und unbedeutenden Sommerblüten. Die Pflanze ist sehr wuchsfreudig und wird von Fischliebhabern oft eingesetzt. Im Winter stirbt sie fast vollständig ab. Große Ähnlichkeit mit M. *spicatum*, doch wesentlich widerstandsfähiger.

KULTURHINWEISE

Wächst völlig untergetaucht (Wasserhöhe bis 90 cm). Ein erstklassiger Sauerstofflieferant, der einen freien Standort und viel Licht benötigt. Vermehrung durch kurze Stängelstecklinge, die im Frühjahr oder Sommer genommen, zusammengebunden und in reichhaltigem, nassen Substrat bewurzelt werden. Ein regelmäßiger Ersatz der Pflanzen empfiehlt sich.

NYMPHAEA 'AURORA'

TEMPERATUR-MINIMUM **–20 °C**
ZONE **6**

CHARAKTERISTIKA

Wunderschöne kleine Seerose mit attraktiven violett-grün gefleckten Blättern und hübschen Blüten, deren Farbe wechselt. Deshalb wird diese Seerose auch als Chamäleon-Seerose bezeichnet. Die Knospe ist cremefarben. Wenn sich die Blüte öffnet, ist sie gelb, dann erstrahlt sie in verschiedenen Orangetönen und zuletzt ist sie blutrot. Da sich dieser Farbwechsel über mehrere Tage vollzieht, gibt es gleichzeitig Blüten in verschiedenen Farben. Ausbreitung 30–60 cm.

KULTURHINWEISE

Für Wassertiefen bis 45 cm. Das Substrat sollte nahrhaft sein. Es empfiehlt sich, die Pflanze aller drei bis vier Jahre herauszunehmen und zu teilen. Vermehrung durch Teilung im Frühjahr oder durch Bewurzelung der Triebknospen, die in unterschiedlicher Zahl an dem knolligen Rhizom erscheinen.

NYMPHAEA CAERULEA
(Blaue Seerose)

TEMPERATUR-MINIMUM **1 °C**
ZONE **10**

CHARAKTERISTIKA

Tropische Seerose mit sternförmigen blauen Blüten, die aus dem Wasser ragen. Die runden, kräftig grünen Schwimmblätter sind violett und schwarz gesprenkelt. Im Winter stirbt die Pflanze vollständig ab. Ausbreitung 45–95 cm.

KULTURHINWEISE

Kultur im Gewächshaus oder im Freien an einem sonnigen Standort mit einer konstanten Temperatur von 25 °C. Braucht ein reichhaltiges organisches Substrat. Setzen Sie die Pflanze in einen Behälter und decken Sie die Erde mit einer Schicht feinem Kies ab. Überwinterungsknollen werden in Schalen mit feuchtem Sand an einem frostfreien Ort gelagert. Vermehrung durch Trennung der Knollen im Herbst oder Teilung der Pflanze im Frühjahr nach Einsetzen des Wachstums.

NYMPHAEA 'GRAZIELLA'

TEMPERATUR-MINIMUM **–20 °C**
ZONE **6**

CHARAKTERISTIKA

Die perfekte kleine Seerose für Wasserbehälter. Fast den gesamten Sommer über erscheinen orangerote Blüten (Durchmesser 5 cm) mit dunkel-orangefarbenen Staubblättern. Die olivgrünen Blätter haben braune und violette Flecken und Sprenkel. Stirbt im Winter vollständig ab. Ausbreitung 30–75 cm.

KULTURHINWEISE

Kultur in Pflanzsubstrat an einem freien, sonnigen Standort mit einer Wassertiefe bis 60 cm. Es empfiehlt sich, die Pflanze aller drei Jahre herauszunehmen und zu teilen. Vermehrung durch Teilung im Frühjahr oder durch Bewurzelung der Wurzelausschläge oder Knospen, die in Gruppen um den Wurzelstock der Pflanze angeordnet sind.

NYMPHAEA 'LAYDEKERI ALBA'

TEMPERATUR-MINIMUM –20 °C
ZONE 6

CHARAKTERISTIKA

Exzellente kleine Seerose mit reinweißen sternförmigen Blüten (Durchmesser 10 cm), die ein deutliches Teearoma haben. Die dunkelgrünen Blätter sind an der Unterseite violett angelaufen. In den Wintermonaten stirbt die Pflanze vollständig ab. Ausbreitung 30–60 cm.

KULTURHINWEISE

Kultur in Pflanzsubstrat, am besten in einem Pflanzkorb für Wasserpflanzen. Will einen freien, sonnigen Standort mit einer Wassertiefe bis 60 cm. Es empfiehlt sich, die Pflanze aller drei bis vier Jahre im Frühjahr herauszunehmen und zu teilen. Vermehrung durch Teilung im Frühjahr oder durch Bewurzelung der Wurzelausschläge oder Knospen, die in unterschiedlichen Abständen am holzigen Wurzelstock sichtbar sind.

NYMPHAEA 'LAYDEKERI FULGENS'

TEMPERATUR-MINIMUM –20 °C
ZONE 6

CHARAKTERISTIKA

Kleine Seerose mit sternförmigen duftenden Blüten in leuchtendem Karmin mit rötlichen Staubblättern. Die Blätter sind oben dunkelgrün, unten violett und um den Blattstängel auffällig braun gesprenkelt. In den Wintermonaten stirbt die Pflanze vollständig ab. Ausbreitung 30–60 cm.

KULTURHINWEISE

Kultur in Pflanzsubstrat, am besten in einem Pflanzkorb für Wasserpflanzen. Will einen freien, sonnigen Standort mit einer Wassertiefe bis 60 cm. Es empfiehlt sich, die Pflanze aller drei bis vier Jahre im Frühjahr herauszunehmen und zu teilen. Vermehrung durch Teilung ausgewachsener Pflanzen im Frühjahr oder durch Bewurzelung der Wurzelausschläge oder Knospen, die in unterschiedlichen Abständen am holzigen Wurzelstock sichtbar sind.

NYMPHAEA TETRAGONA 'ALBA'
(syn. N. pygmaea 'Alba')
(Weiße Zwergseerose)

TEMPERATUR-MINIMUM –20 °C
ZONE 6

CHARAKTERISTIKA

Die perfekte kleine Seerose für Wasserbecken oder kleine Tröge. Die papierartigen weißen Blüten sind winzig (Durchmesser kaum 3 cm). Die kleinen ovalen Blätter sind oben dunkelgrün und unten violett. Im Winter stirbt die Pflanze vollständig ab. Ausbreitung 30–45 cm.

KULTURHINWEISE

Kultur in Pflanzsubstrat an einem freien, sonnigen Standort mit einer Wassertiefe bis 30 cm. Es empfiehlt sich, die Pflanze aller zwei bis drei Jahre herauszunehmen und zu ersetzen. Vermehrung nur durch Aussaat, da die Pflanze keine Knospen produziert. Sobald der Samen reif ist, wird er im Gewächshaus in Saatschalen mit nassem, schwerem Substrat ausgebracht, das dann mit 1 cm Wasser bedeckt wird. Die Sämlinge werden einzeln in Töpfe gesetzt.

NYMPHAEA TETRAGONA
'HELVOLA'
(*syn. N. pygmaea* 'Helvola')

TEMPERATUR-MINIMUM **– 20 °C**
ZONE **6**

CHARAKTERISTIKA

Üppig blühende gelbe Zwergseerose. Sie hat wunderschöne sternförmige Blüten, die direkt auf den dunkelgrünen Blättern aufzuliegen scheinen. Die Blätter sind violett und braun gefleckt und gesprenkelt. Im Winter stirbt die Pflanze vollständig ab. Ausbreitung 30 – 45 cm.

KULTURHINWEISE

Kultur in Pflanzsubstrat an einem freien, sonnigen Standort mit einer Wassertiefe bis 30 cm. Aller drei Jahre sollte die Pflanze im Frühjahr herausgenommen und geteilt werden. Vermehrung durch Teilung im Frühjahr oder durch Bewurzelung der Triebknospen, die an der Basis des Wurzelstocks erscheinen.

NYMPHAEA TETRAGONA
'RUBRA'
(*syn. N. pygmaea* 'Rubra')

TEMPERATUR-MINIMUM **– 20 °C**
ZONE **6**

CHARAKTERISTIKA

Zwergseerose mit winzigen blutroten Blüten mit orangeroten Staubblättern und dunkel-olivgrünen Blättern mit einer deutlichen violetten Schattierung. Die Unterseite der nierenförmigen Blätter ist rötlich gefärbt. Im Winter stirbt die Pflanze vollständig ab. Ausbreitung 30 – 45 cm.

KULTURHINWEISE

Kultur in Pflanzsubstrat an einem freien, sonnigen Standort mit einer Wassertiefe bis 30 cm. Da diese Seerose nicht sehr wuchsfreudig ist, kann sie auch in einem großen Eimer erfolgreich gezogen werden. Aller vier bis fünf Jahre sollte die Pflanze im Frühjahr herausgenommen und geteilt werden. Vermehrung durch gelegentliche Teilung oder durch Bewurzelung junger Triebe oder Knospen vom Hauptwurzelstock, die allerdings nur in geringer Zahl produziert werden.

ONOCLEA SENSIBILIS
(Perlfarn)

TEMPERATUR-MINIMUM **– 30 °C**
ZONE **4**

CHARAKTERISTIKA

Sehr schöner Farn mit tief eingeschnittenen aufrechten Wedeln, die im Frühjahr rosa angelaufen sind, später eine zart-lindgrüne Färbung annehmen und im Sommer schließlich kräftig grün sind. Beim ersten Frost sterben die Wedel ab und verschwinden schließlich, so dass im Winter oberirdisch nichts mehr von der Pflanze zu sehen ist. Höhe 45 – 60 cm.

KULTURHINWEISE

Die Feuchtigkeit liebende Pflanze braucht nassen Boden oder etwas stehendes Wasser. Im Herbst sollten welke Wedel entfernt werden. Vermehrung durch Teilung des kriechenden Wurzelstocks im zeitigen Frühjahr, wenn die Wedel gerade sichtbar werden.

PISTIA STRATIOTES
(Muschelblume)
TEMPERATUR-MINIMUM **1 °C**
ZONE **10**

CHARAKTERISTIKA
Tropische Schwimmpflanze mit kräftigen
Rosetten stark gerippter samtiger Blätter. Die
Pflanze gehört zur Familie der Aronstabge-
wächse. Sie produziert winzige grüne Blüten,
die nicht von Bedeutung sind. Insgesamt ergibt sich der Eindruck eines fleischigen, auf
dem Wasser schwimmenden Salats, daher wird
sie auch „Wassersalat" genannt.

KULTURHINWEISE
Die frei schwimmende Pflanze benötigt eine
konstante Wassertemperatur von ca. 25 °C
um gut zu gedeihen, kann aber auch niedrigere
Temperaturen überstehen. Sie bevorzugt ganz
leichten Schatten, wächst aber auch in voller
Sonne gut. Achten Sie darauf, die samtigen
Blätter nicht mit Wasser zu bespritzen, da es
sonst in der Sonne zu Verbrennungen kommt.
Vermehrung durch Abtrennung von Ausläu-
ferpflanzen.

PLEIOBLASTUS PYGMAEUS
(syn. Arundinaria pygmaea)
(Zwergbambus)
TEMPERATUR-MINIMUM **– 10 °C**
ZONE **6**

CHARAKTERISTIKA
Hübsch belaubte Bambus-Zwergform mit meh-
lig-weißen Stängeln. Die mittelgrünen Blätter
sind leicht flaumig, oft mit einem weißlichen
pudrigen Rand. Immergrüne Strukturpflanze
für einen feuchten Standort. Höhe 15 – 30 cm.

KULTURHINWEISE
Will feuchten Boden an einem freien, sonnigen Standort. Wenn Stängel und Blätter
welken, sollten sie an der Basis abgeschnitten
werden. Der Zwergbambus ist winterhart bis
Zone 6, wird aber oft auch als dekorative Zim-
merpflanze verwendet. Er wächst im Haus
oder Gewächshaus genauso gut wie im Freien.
Vermehrung durch vorsichtige Teilung im
späten Frühjahr, wobei die äußeren Teile der
Pflanze weiter kultiviert werden.

PONTEDERIA CORDATA
(Hechtkraut)
TEMPERATUR-MINIMUM **– 35 °C**
ZONE **3**

CHARAKTERISTIKA
Attraktive Randpflanze mit schönen lanzettförmigen Blättern von glänzendem Grün
und kräftigen blauen Blütenähren. Blüht von
Mitt- bis Spätsommer. Es gibt auch weiß und
blassrosa blühende Formen. In den Wintermonaten stirbt die Pflanze vollständig ab.
Höhe 60 – 90 cm.

KULTURHINWEISE
Will feuchten Boden oder bis zu 15 cm Wasser
an einem freien, sonnigen Standort. Aller drei
Jahre sollte die Pflanze im Frühjahr herausgenommen und geteilt werden. Vermehrung
durch Teilung im Frühjahr oder durch Aussaat
noch grüner Samen in Schalen mit nassem,
reichhaltigem Substrat im Spätsommer. Die
Sämlinge werden dann einzeln eingetopft.

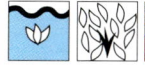

POTAMOGETON CRISPUS
(Krauses Laichkraut)

TEMPERATUR-MINIMUM **– 20 °C**
ZONE **6**

CHARAKTERISTIKA
Eine der schönsten Unterwasserpflanzen mit
bronze-grünen durchscheinenden Blättern,
die an Tang erinnern. Die Blätter sind kraus
und wellig und sitzen an langen fleischigen
Stängeln. In der Mitte des Sommers erscheinen knapp über der Wasseroberfläche un-
bedeutende kleine rote Blüten. Im Winter
stirbt die Pflanze bis auf wenige Stängel ab.

KULTURHINWEISE
Wächst völlig untergetaucht an einem freien,
sonnigen Standort. Vermehrung durch kurze
Stängelstecklinge, die im Frühjahr oder Frühsommer genommen, zusammengebunden und
in Töpfen mit nasser Erde bewurzelt werden. Die Pflanzen sollten mindestens aller
zwei Jahre vollständig ersetzt werden.

PRIMULA BEESIANA
(Terrakottaprimel)

TEMPERATUR-MINIMUM **– 20 °C**
ZONE **6**

CHARAKTERISTIKA
Feuchtigkeit liebende winterharte Mehrjährige für den Sumpfgarten. Die kräftig grünen,
stark strukturierten Blätter umgeben im späten Frühjahr und Frühsommer kräftige Stängel
mit drei oder mehr dichten Blütenquirlen. Die
Blüten sind rosa-karminrot und haben ein gelbes Auge. In den Wintermonaten sterben
die Pflanzen vollständig ab. Höhe 60 – 75 cm.

KULTURHINWEISE
Feuchter Boden, der reich an organischem
Material ist. Vollsonnig oder Halbschatten.
Nach der Blüte sollten die welken Blütenköpfe
entfernt werden, um eine Selbstaussaat zu verhindern. Es empfiehlt sich, die Pflanzen aller
drei bis vier Jahr herauszunehmen, zu teilen
und neu zu pflanzen, am besten unmittelbar
nach der Blüte. Vermehrung durch Aussaat im
Frühbeetkasten, sobald der Samen reif ist. Samen, der für die Aussaat im Frühjahr aufgehoben wird, muss für ca. drei Wochen eingefroren
werden, damit die Samenruhe beendet wird.

PRIMULA BULLEYANA
(Kandelaberprimel)

TEMPERATUR-MINIMUM **– 20 °C**
ZONE **6**

CHARAKTERISTIKA
Feuchtigkeit liebende winterharte Mehrjährige
für den Sumpfgarten mit kräftigen, stark strukturierten Blättern in Mittelgrün. Im späten
Frühjahr und Frühsommer erscheinen übereinander angeordnete Blütenquirle mit leuchtend orangefarbenen Blüten. Im Winter sterben
die Pflanzen vollständig ab. Höhe 60 – 75 cm.

KULTURHINWEISE
Kultur in feuchtem Boden, der reich an organischem Material ist. Vollsonnig oder Halbschatten. Nach der Blüte sollten die welken
Blütenköpfe entfernt werden, um eine Selbstaussaat zu verhindern. Es empfiehlt sich, die
Pflanzen aller drei bis vier Jahr herauszunehmen, zu teilen und neu zu pflanzen, am besten unmittelbar nach der Blüte. Vermehrung
durch Aussaat im Frühbeetkasten, sobald der
Samen reif ist. Samen, der für die Aussaat
im Frühjahr aufgehoben wird, muss für ca.
drei Wochen eingefroren werden, damit die
Samenruhe beendet wird.

PRIMULA DENTICULATA
(Kugelprimel)

TEMPERATUR-MINIMUM **–20 °C**
ZONE **6**

CHARAKTERISTIKA

Beliebte Primel, die oft für Rabatten verwendet wird. Die kräftigen Stängel tragen große runde Blütenköpfe in Lila, Pink, Violett oder Weiß. Die Blätter sind grün, groß und rau mit einem ganz eigenen Aroma. An der Unterseite findet sich oft eine weiße mehlige Substanz, die sich manchmal auch auf die Blütenstängel ausdehnt. Im Winter sterben die Pflanzen vollständig ab. Höhe 30 – 60 cm.

KULTURHINWEISE

Kultur in feuchtem Boden, der reich an organischem Material ist. Vollsonnig oder Halbschatten. Nach der Blüte sollten die welken Blütenköpfe entfernt werden. Es empfiehlt sich, die Pflanzen aller drei bis vier Jahr zu teilen und neu zu pflanzen, am besten unmittelbar nach der Blüte. Vermehrung durch Aussaat im Frühbeetkasten, sobald der Samen reif ist. Samen, der für die Aussaat im Frühjahr aufgehoben wird, muss für ca. drei Wochen eingefroren werden, damit die Samenruhe beendet wird.

PRIMULA JAPONICA
(Japanprimel)

TEMPERATUR-MINIMUM **–15 °C**
ZONE **7**

CHARAKTERISTIKA

Feuchtigkeit liebende winterharte Mehrjährige, die im Sommer blüht. Kräftige Stängel tragen etagenartig angeordnete Blütenquirle in dunklem Rot. Die Stängel erheben sich aus den hellgrünen, kohlartigen Blättern. Die Zuchtsorte 'Miller's Crimson' zeichnet sich durch eine noch intensivere Rotfärbung der Blüten aus. In den Wintermonaten stirbt die Pflanze vollständig ab. Höhe 45 – 75 cm.

KULTURHINWEISE

Kultur in feuchtem Boden, der reich an organischem Material ist. Vollsonnig oder Halbschatten. Nach der Blüte sollten die welken Blütenköpfe entfernt werden. Es empfiehlt sich, die Pflanzen aller drei bis vier Jahr zu teilen und neu zu pflanzen, am besten unmittelbar nach der Blüte. Vermehrung durch Aussaat im Frühbeetkasten, sobald der Samen reif ist. Samen, der für die Aussaat im Frühjahr aufgehoben wird, muss für ca. drei Wochen eingefroren werden, damit die Samenruhe beendet wird.

PRIMULA ROSEA
(Rosenprimel)

TEMPERATUR-MINIMUM **–20 °C**
ZONE **6**

CHARAKTERISTIKA

Kleine mehrjährige Sumpfgartenpflanze, die im zeitigen Frühjahr blüht. Die Blüten sind leuchtend rosa bis rot und haben ein gelbes Auge. Sie erheben sich aus den hellgrünen Blättern, die im zeitigen Frühjahr deutlich rosa oder violett angelaufen sind. In den Wintermonaten stirbt die Pflanze vollständig ab. Höhe 15 – 20 cm.

KULTURHINWEISE

Kultur in feuchtem Boden, der reich an organischem Material ist. Vollsonnig oder leichter Schatten. Es empfiehlt sich, die Pflanzen aller drei bis vier Jahr herauszunehmen, zu teilen und neu zu pflanzen, am besten unmittelbar nach der Blüte. Vermehrung durch Aussaat im Frühbeetkasten, sobald der Samen reif ist. Samen, der für die Aussaat im Frühjahr aufgehoben wird, muss für ca. drei Wochen eingefroren werden, damit die Samenruhe beendet wird.

PRIMULA SIKKIMENSIS
(Glockenprimel)

TEMPERATUR-MINIMUM **–20 °C**
ZONE **6**

CHARAKTERISTIKA

Feuchtigkeit liebende winterharte Mehrjährige, die im Sommer blüht. Die kräftig grünen, stark strukturierten Blätter sind abgerundet und haben ein starkes süßliches Aroma. Kräftige Stängel tragen elegante Dolden wohlriechender hängender trichterförmiger Blüten in Schwefelgelb oder Cremegelb. In den Wintermonaten stirbt die Pflanze vollständig ab. Höhe 45 – 60 cm.

KULTURHINWEISE

Kultur in feuchtem Boden, der reich an organischem Material ist. Vollsonnig oder Halbschatten. Nach der Blüte sollten die welken Blütenköpfe entfernt werden. Es empfiehlt sich, die Pflanzen aller drei bis vier Jahr zu teilen und neu zu pflanzen, am besten unmittelbar nach der Blüte. Vermehrung durch Aussaat im Frühbeetkasten, sobald der Samen reif ist. Samen, der für die Aussaat im Frühjahr aufgehoben wird, muss für ca. drei Wochen eingefroren werden, damit die Samenruhe beendet wird.

PRIMULA VIALII
(Orchideenprimel)

TEMPERATUR-MINIMUM **–15 °C**
ZONE **7**

CHARAKTERISTIKA

Exotisch anmutende winterharte Mehrjährige für den Sumpfgarten mit lanzettlichen Blättern in Horsten. Aus deren Zentrum wachsen mehrere kurze, kräftige Stängel, die dichte Ähren roter und blau-violetter Blüten tragen. Eine Liebhaberpflanze, die in der Mitte des Sommers blüht. Höhe 30 – 45 cm.

KULTURHINWEISE

Kultur in feuchtem Boden, der reich an organischem Material ist. Vollsonnig oder Halbschatten. Nach der Blüte sollten die welken Blütenköpfe entfernt werden. Im Gegensatz zu anderen Primeln geht diese Art nach der Blüte oft ein. Wenn Pflanzen mehrere Jahre überleben, sollten sie geteilt und neu gepflanzt werden. Vermehrung durch Aussaat im Frühbeetkasten, sobald der Samen reif ist. Samen, der für die Aussaat im Frühjahr aufgehoben wird, muss für ca. drei Wochen eingefroren werden, damit die Samenruhe beendet wird.

SAGITTARIA LATIFOLIA
(Breitblättriges Pfeilkraut)

TEMPERATUR-MINIMUM **–15 °C**
ZONE **7**

CHARAKTERISTIKA

Wuchsfreudige winterharte Randpflanze, die Horste kräftiger mittelgrüner Blätter bildet, deren Form an Pfeile erinnert. Im Sommer erscheinen Blütenähren mit dreiblättrigen weißen Blüten. In den Wintermonaten stirbt die Pflanze vollständig ab und es dauert oft recht lange, bis sie im Frühjahr wieder wächst. Höhe 90 – 120 cm.

KULTURHINWEISE

Kultur in feuchtem Boden oder bis zu 15 cm Wasser in voller Sonne. Seerosenblattläuse sollten mit einem starken Wasserstrahl abgespritzt werden. Die überwinterten Knollen können im Frühjahr herausgenommen und geteilt werden. Die einzelnen Teile dienen gleichzeitig der Vermehrung.

SAGITTARIA SAGITTIFOLIA 'FLORE PLENO'
(Gefülltes Pfeilkraut)

TEMPERATUR-MINIMUM **– 15 °C**
ZONE **7**

CHARAKTERISTIKA

Winterharte Randpflanze mit glänzend grünen pfeilförmigen Blättern. Im Sommer bringt sie kräftige Ähren mit papierartigen gefüllten Blüten in Weiß hervor. Im Winter stirbt die Pflanze vollständig ab und es dauert oft recht lange, bis sie im Frühjahr wieder wächst. Höhe 30 – 45 cm.

KULTURHINWEISE

Kultur in feuchtem Boden oder bis zu 15 cm Wasser an einem vollsonnigen Standort. Seerosenblattläuse sollten mit einem starken Wasserstrahl abgespritzt werden. Die überwinterten Knollen können im Frühjahr herausgenommen und geteilt werden. Die einzelnen Teile dienen gleichzeitig der Vermehrung.

SISYRINCHIUM ANGUSTIFOLIUM
(Binsenlilie)

TEMPERATUR-MINIMUM **– 35 °C**
ZONE **3**

CHARAKTERISTIKA

Kleine Feuchtigkeit liebende Mehrjährige mit sehr schmalen grasartigen Blättern, die exakte Horste bilden. Im Sommer erscheinen zwischen und über den Blättern Gruppen von zwei bis acht stern- oder becherförmigen Blüten in intensivem Blau mit gelbem Auge, die von schmalen geflügelten Stängeln getragen werden.

KULTURHINWEISE

Kultur in feuchtem Boden in voller Sonne. Ein freier Standort ist unbedingt notwendig, sonst öffnen sich die Blüten nicht. Obwohl mehrjährig, ist die Pflanze nicht immer sehr langlebig und muss manchmal nach einigen Jahren ersetzt werden. Es ist möglich, die Pflanzen im Frühjahr zu teilen, die häufigste Art der Vermehrung ist jedoch die Aussaat gleich nach der Reife der Samen oder im zeitigen Frühjahr, vorzugsweise im Frühbeet.

SISYRINCHIUM CALIFORNICUM var. BRACHYPUS
(syn. S. brachypus)
(Gelbe Binsenlilie)

TEMPERATUR-MINIMUM **– 10 °C**
ZONE **8**

CHARAKTERISTIKA

Kleine Feuchtigkeit liebende Mehrjährige mit kurzen, schwertförmigen graugrünen Blättern, die dicht zusammenstehen. Im Sommer erscheinen über den Blättern Gruppen von zwei bis fünf sternförmigen gelben Blüten auf schmalen geflügelten Stängeln. Höhe 15 – 25 cm.

KULTURHINWEISE

Kultur in feuchtem Boden in voller Sonne. Ein freier Standort ist unbedingt notwendig, sonst öffnen sich die Blüten nicht. Obwohl mehrjährig, verhält sich die Pflanze manchmal wie eine Einjährige. Es ist möglich, zu groß gewordene Pflanzen, die gut über den Winter gekommen sind, im Frühjahr zu teilen, die häufigste Art der Vermehrung ist jedoch die Aussaat gleich nach der Reife der Samen oder im zeitigen Frühjahr, vorzugsweise im Frühbeet.

STRATIOTES ALOIDES
(Krebsschere)

TEMPERATUR-MINIMUM **– 25 °C**
ZONE **5**

CHARAKTERISTIKA

Winterharte mehrjährige Schwimmpflanze, die aussieht wie der obere Teil einer Ananas, allerdings mit schmaleren Blättern. In den Blattachseln erscheinen cremeweiße oder rosa angehauchte papierartige Blüten. Die männlichen Blüten stehen in Gruppen zusammen, die weiblichen einzeln. Beide werden in den Sommermonaten gebildet. Im Winter sinkt die Pflanze auf den Grund des Teiches.

KULTURHINWEISE

Frei schwimmend an einem freien, sonnigen Standort. An ihren Ausläufern produziert die Pflanze Brutknospen, die für die Vermehrung verwendet werden.

TRAPA NATANS
(Wassernuss)

TEMPERATUR-MINIMUM **– 25 °C**
ZONE **5**

CHARAKTERISTIKA

Schöne Schwimmpflanze, deren dunkelgrüne rautenförmige Blätter Rosetten bilden. In den Achseln der Schwimmblätter erscheinen attraktive weiße Blüten. Die Wassernuss verhält sich zwar wie eine Mehrjährige, ist aber eigentlich eine Einjährige, die sich jedes Jahr neu aus den stachligen braunen Steinfrüchten entwickelt, die zu Winterbeginn auf den Grund sinken. Wenn das Wasser wieder wärmer wird, tauchen die Früchte wieder auf und keimen.

KULTURHINWEISE

Will einen sonnigen Standort und offenes Wasser. Wenn sie sich selbst überlassen werden, keimen die Steinfrüchte, die auf den Boden gesunken sind, zwar auch irgendwann. Sie können im Herbst aber auch einige Früchte zum Überwintern aus dem Wasser nehmen. Dazu werden die Früchte in ein mit etwas Erde und Wasser gefülltes Gefäß gelegt, das an einem frostfreien Ort stehen muss. Diese Früchte keimen viel eher und sorgen für frisches Grün.

TYPHA LATIFOLIA
(Breitblättriger Rohrkolben)

TEMPERATUR-MINIMUM **– 35 °C**
ZONE **3**

CHARAKTERISTIKA

Wuchsfreudige winterharte Mehrjährige für die Randbepflanzung. Zwischen den hohen, schwertförmigen Blättern, die graugrün sind, erheben sich zahlreiche kräftige Stängel, die im Spätsommer und Frühherbst die typischen braunen Kolben tragen. Diese Kolben werden oft getrocknet und für dekorative Zwecke verwendet. Höhe 90 – 180 cm.

KULTURHINWEISE

Kultur in feuchtem Boden oder bis zu 30 cm Wasser an einem freien, sonnigen Standort. Die sehr wüchsige Pflanze muss regelmäßig verkleinert werden, damit ihr schnell wachsendes Wurzelsystem nicht alle benachbarten Pflanzen verdrängt. Vermehrung durch Teilung im zeitigen Frühjahr.

TYPHA LAXMANNII
(Lockerer Rohrkolben)

TEMPERATUR-MINIMUM **–30 °C**
ZONE **4**

CHARAKTERISTIKA

Wuchsfreudige winterharte Mehrjährige für die Randbepflanzung. Die hohen aufrechten Blätter sind graugrün und sehr schmal, fast bandartig. Im Spätsommer und Frühherbst bilden sich die schlanken, hellbraunen Kolben, die getrocknet und für dekorative Zwecke verwendet werden können. Höhe 90–150 cm.

KULTURHINWEISE

Kultur in feuchtem Boden oder bis zu 20 cm Wasser an einem freien, sonnigen Standort. Da die Pflanze sehr wuchsfreudig ist, sollte genau darauf geachtet werden, dass sie schwachwüchsige Nachbarn nicht erdrückt. Vermehrung durch Teilung im zeitigen Frühjahr.

TYPHA MINIMA
(Zwergrohrkolben)

TEMPERATUR-MINIMUM **–20 °C**
ZONE **6**

CHARAKTERISTIKA

Pflegeleichte Randpflanze für kleinere Wasserelemente, vor allem Becken und Tröge. Es handelt sich um eine Miniaturausgabe des Breitblättrigen Rohrkolbens mit dunkelgrünen grasartigen Blättern und dunkelbraunen Kolben, die kurz und gedrungen sind. Im Gegensatz zu ihren Verwandten wuchert diese Art nicht. Höhe 45 cm.

KULTURHINWEISE

Kultur in feuchtem Boden oder bis zu 5 cm Wasser an einem freien, sonnigen Standort. Aller drei bis vier Jahre muss die Pflanze im zeitigen Frühjahr geteilt werden. Vermehrung durch Teilung im zeitigen Frühjahr.

VALLISNERIA SPIRALIS
(Sumpfschraube)

TEMPERATUR-MINIMUM **1 °C**
ZONE **10**

CHARAKTERISTIKA

Tropische Unterwasserpflanze mit schmalen bandförmigen Blättern von durchsichtigem Grün. Pflanzen, die sich etabliert haben, breiten sich kriechend aus und bilden schließlich beträchtliche Kolonien. Die Blüten sind winzig und unbedeutend. Wenn die Wassertemperatur nicht unter 5 °C fällt, ist die Pflanze wintergrün.

KULTURHINWEISE

Kultur in bis zu 30 cm Wasser in einem sandigen Medium. Vollsonnig oder Halbschatten. Die Pflanzen sollten aller zwei Jahre ersetzt werden, weil sonst die Wuchsfreude nachlässt. Vermehrung durch Teilung der Klumpen während der Wachstumsperiode.

VERONICA BECCABUNGA
(Bachbunge)

TEMPERATUR-MINIMUM **–25 °C**
ZONE **5**

CHARAKTERISTIKA

Winterharte halb-immergrüne Randpflanze mit kriechenden Sprossen, die von dunkelgrünen runden Blättern besetzt sind. Im Sommer schmückt sich die Pflanze mit dunkelblauen Blüten mit weißem Auge. In den meisten Wintern bleibt die Pflanze grün, nur wenn die Temperatur unter – 20 °C fällt, verliert sie die Blätter. Höhe 15 – 20 cm.

KULTURHINWEISE

Will feuchten Boden oder bis zu 15 cm Wasser. Ideal zur Kaschierung des Randes eines Wasserelements geeignet. Die Pflanze ist zwar mehrjährig, bessere Ergebnisse bringt aber die regelmäßige Neupflanzung. Dazu werden im zeitigen Frühjahr kurze Stängelstecklinge genommen. Zur Vermehrung gedachte Stecklinge können jederzeit in der Wachstumsperiode genommen werden. Die Pflanze kann auch durch Abtrennung von Sprossen vermehrt werden, die im feuchten Boden oder Wasser Wurzeln geschlagen haben.

ZANTEDESCHIA AETHIOPICA
(Zimmerkalla)

TEMPERATUR-MINIMUM **0 °C**
ZONE **10**

CHARAKTERISTIKA

Wunderschöne Mehrjährige für die Randbepflanzung. Die attraktiven Blätter sind herzförmig und von kräftigem Grün, die trichterförmigen weißen Blütenscheiden umhüllen einen schmalen gelben Kolben. Im Winter stirbt die Pflanze ab. Es gibt eine Reihe von Zuchtsorten, darunter die etwas kleinere und winterhärtere 'Crowborough' und die 'Green Goddess' mit hellgrünen Blättern. Höhe 60 – 120 cm.

KULTURHINWEISE

Kultur in bis zu 30 cm Wasser im Gewächshaus, im Freien nur in wärmeren Regionen bzw. nur über den Sommer, wo es insgesamt kälter ist. Wenn die Pflanze in tieferem Wasser steht, wird Frost meist toleriert. Spritzen Sie Seerosenblattläuse mit einem starken Wasserstrahl ab. Aller drei Jahre sollten die Pflanzen zu Beginn der Wachstumsperiode herausgenommen und geteilt werden. Vermehrung durch Teilung und Neupflanzung der Knollen.

ZANTEDESCHIA ELLIOTTIANA
(Gelbe Kalla)

TEMPERATUR-MINIMUM **1 °C**
ZONE **10**

CHARAKTERISTIKA

Attraktive tropische Mehrjährige für die Randbepflanzung. Die kräftigen herzförmigen Blätter sind dunkelgrün mit weißen Sprenkeln. Im Sommer erscheinen die wunderschönen gelben Blütenscheiden. Im Winter stirbt die Pflanze ab, es sei denn, es ist ausreichend hell und warm. Höhe 60 – 80 cm.

KULTURHINWEISE

Kultur in bis zu 20 cm Wasser unter tropischen Bedingungen im Haus, idealerweise mit einer konstanten Temperatur von 25 °C. Spritzen Sie Seerosenblattläuse mit einem starken Wasserstrahl ab. Aller drei Jahre sollten die Pflanzen zu Beginn der Wachstumsperiode herausgenommen und geteilt werden. Vermehrung durch Teilung und Neupflanzung der Knollen.

Winterhärte-Zonen

Die in den Karten angegebenen Temperaturen sind die tiefsten, die eine Pflanze tolerieren kann.

Jeder Pflanze im Verzeichnis wurde eine von mehreren Nummern zugeordnet, die den hier angegebenen Zonen entsprechen. Wenn Sie wissen, in welcher klimatischen Zone Sie leben, können Sie auf einen Blick erkennen, ob eine bestimmte Pflanze für Ihren Garten geeignet ist oder ob sie Winterschutz benötigt.

Denken Sie jedoch daran, dass Winterhärte nicht allein eine Frage der Tiefsttemperaturen ist. Die Fähigkeit einer Pflanze, bestimmte Temperaturen zu überleben, hängt auch von anderen Faktoren ab, u.a. dem Standort im Garten und inwieweit dieser geschützt ist.

SCHLÜSSEL
Niedrigste durchschnittliche Temperatur

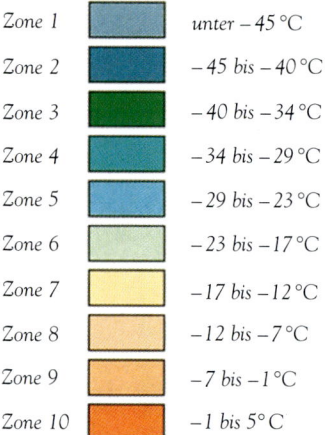

Zone 1		unter − 45 °C
Zone 2		− 45 bis − 40 °C
Zone 3		− 40 bis − 34 °C
Zone 4		− 34 bis − 29 °C
Zone 5		− 29 bis − 23 °C
Zone 6		− 23 bis − 17 °C
Zone 7		− 17 bis − 12 °C
Zone 8		− 12 bis − 7 °C
Zone 9		− 7 bis − 1 °C
Zone 10		− 1 bis 5 °C

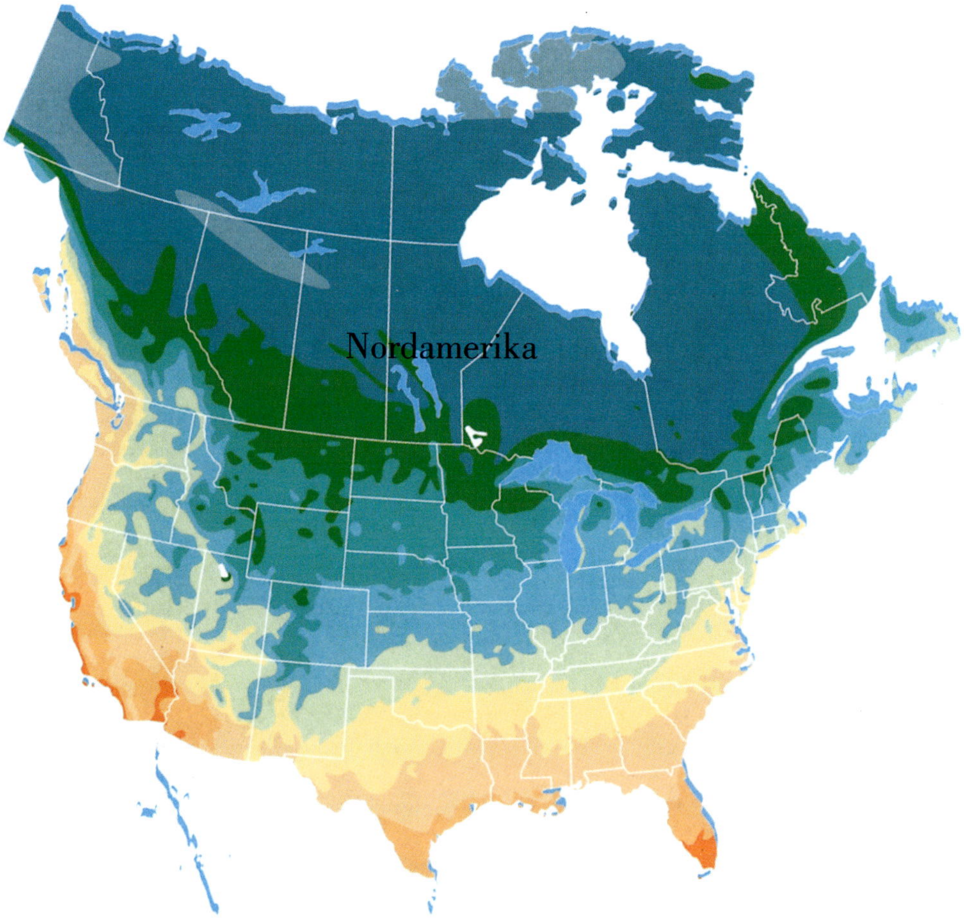

Nordamerika

SCHLÜSSEL
Niedrigste durchschnittliche Temperatur

Zone 1		unter −45 °C
Zone 2		−45 bis −40 °C
Zone 3		−40 bis −34 °C
Zone 4		−34 bis −29 °C
Zone 5		−29 bis −23 °C
Zone 6		−23 bis −17 °C
Zone 7		−17 bis −12 °C
Zone 8		−12 bis −7 °C
Zone 9		−7 bis −1 °C
Zone 10		−1 bis 5 °C

SCHLÜSSEL
Niedrigste durchschnittliche Temperatur

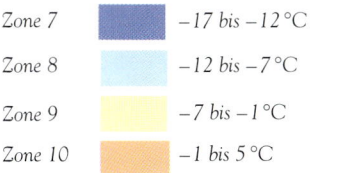

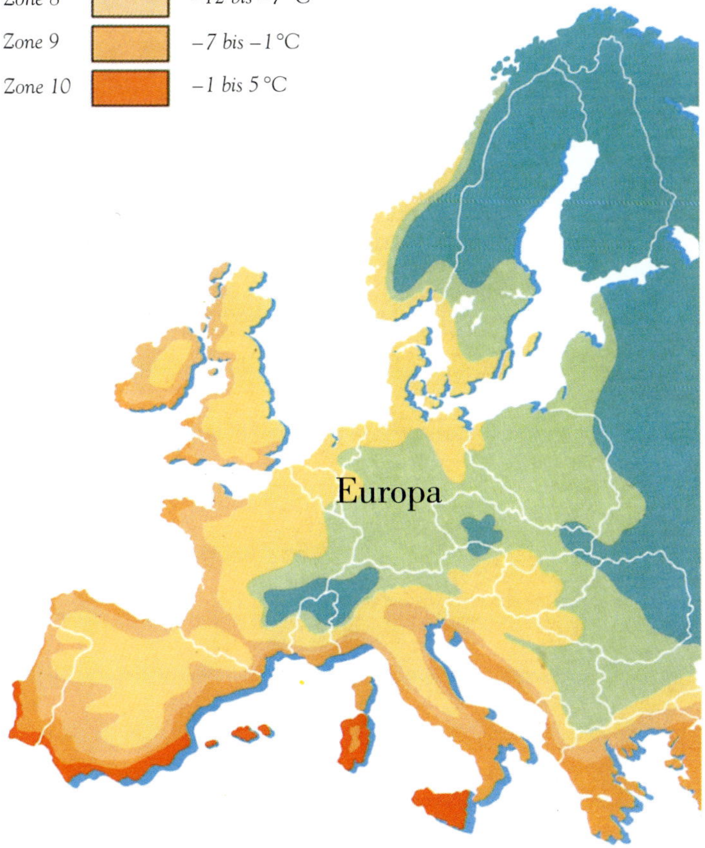

Zone 7		−17 bis −12 °C
Zone 8		−12 bis −7 °C
Zone 9		−7 bis −1 °C
Zone 10		−1 bis 5 °C

Europa

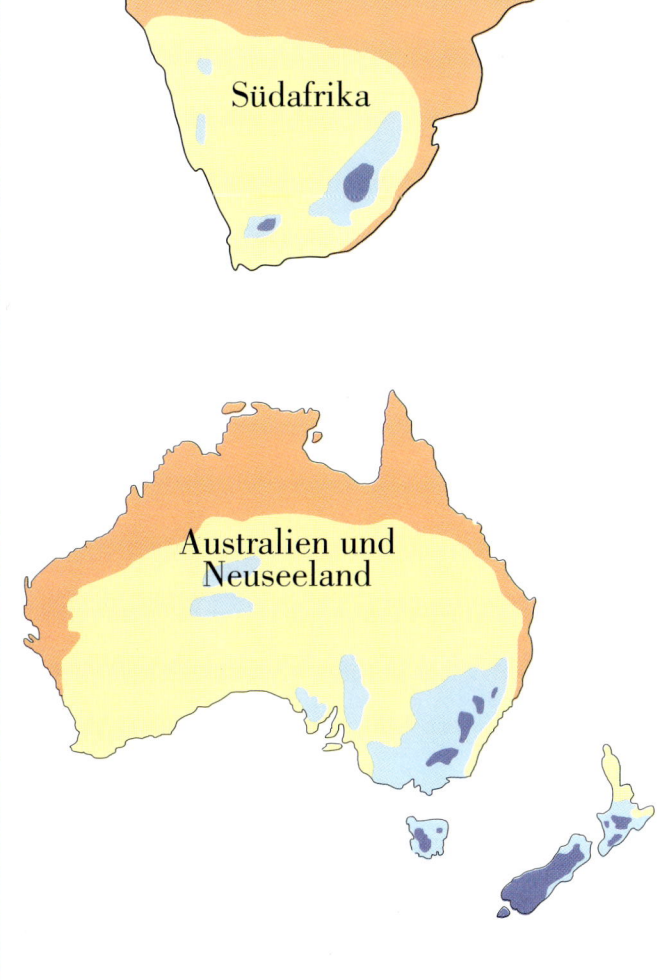

Südafrika

Australien und Neuseeland

Was Sie wissen müssen

Allgemeines

Der entscheidende Punkt bei Wasser-elementen ist der Standort. Sie müssen unbedingt einen freien, sonnigen Platz auswählen, der möglichst geschützt ist. Volle Sonne ist für das Gedeihen der meisten Wasserpflanzen unabdingbar. Wichtig ist vor allem, dass Pflanzen wie Iris und Seerosen, die wegen ihrer Blüten kultiviert werden, so gute Bedingungen haben, dass sie sicher und lange blühen. Wasserelemente sollten sich nie in der Nähe von Bäumen befinden, da der Laubfall sehr störend sein kann.

Ein geschützter Standort ist notwendig, damit die Pflanzen im zeitigen Frühjahr nicht den kalten Winden ausgesetzt sind, außerdem setzt er die Verdunstung herab. Wenn Sie bewegtes Wasser einsetzen, sollten Sie eine ruhige Ecke auswählen, damit das Wasser nicht von Windböen verweht wird, was die Wirkung sehr beeinträchtigt. In Zimmer oder Wintergarten sind in den Sommermonaten Belüftung und u. U. ein Lichtschutz von entscheidender Bedeutung.

Wenn Sie bewegtes Wasser wollen, sollten Sie darauf achten, dass die Stromquelle für die

Pumpe und ein Wasseranschluss in der Nähe sind. Wenn kein Stromanschluss vorhanden ist, darf er nur vom Elektriker installiert werden.

Die Standfestigkeit ist ein weiterer wichtiger Punkt, das gilt vor allem für höhere Behälter und wenn kleine Kinder zum Haushalt gehören. Wasser ist schwer und kann einen Behälter wie eine Vase schnell umwerfen, wenn er nicht befestigt ist. Dafür gibt es heutzutage verschiedene Kleber, Sie sollten jedoch bedenken, dass Sie einen nicht frostsicheren Behälter im Winter ins Haus holen müssen.

BEWEGTES WASSER
Eine Fontäne erhöht die Wirkung eines kleinen Behälters ungemein und stellt auch keine Gefahr für Kinder dar.

Kleine Wasserelemente haben viele Gemeinsamkeiten mit Gartenteichen, sie können aber nie das natürliche Gleichgewicht erreichen, das sich in einem Teich einstellt. In einem traditionellen Gartenteich leben Pflanzen, Fische und Schnecken harmonisch zusammen und bilden eine Mini-Unterwasserwelt, die in einem Behälter oder kleinen Wasserelement nicht möglich ist. Der Hauptgrund dafür liegt darin, dass so ein Behälter den unterschiedlichsten Temperaturen ausgesetzt ist. Schnell steigende Temperaturen können, vor allem im Verein mit einem Überangebot an Nährstoffen, innerhalb weniger Stunden zu einer Algenblüte führen. Große Hitze kann auch Sauerstoffmangel und damit den Tod von Fischen zur Folge haben. In vielen Behältern können daher keine Fische gehalten werden. Regelmäßige Pflegearbeiten sind aber mit denen bei Gartenteichen vergleichbar. Dazu gehören das regelmäßige Ausputzen abgeblühter Pflanzen, die Entfernung von Algen und die Kontrolle, ob lästige Blattläuse aufgetaucht sind.

Achten Sie darauf, für die Pflanzen in Ihrem Behälter-Wassergarten das richtige Substrat zu wählen – Gartenerde ist dafür total ungeeignet. Das Substrat muss gute Wachstumsbedingungen garantieren, darf aber das Wasser nicht verunreinigen bzw. Nährstoffe an die Umgebung abgeben. Verwenden Sie ein erdehaltiges Substrat, vorzugsweise spezielle Wasserpflanzenerde. Das Substrat sollte sehr schwer und organische Bestandteile gut zersetzt sein.

Die Auswahl der richtigen Pflanzen ist ganz wichtig, da viele Wasserpflanzen sehr wüchsig sind und bald zu groß werden. Wählen Sie Pflanzen, die von Natur aus kleiner sind, sodass eventuell nötige Schnittmaßnahmen zur Aufrechterhaltung einer gewissen Größe nicht auffallen. In vielen Fällen müssen die Pflanzen anspruchslos und pflegeleicht sein und sich gut umpflanzen lassen.

PFLEGE

Behälter-Wassergärten brauchen regelmäßige Aufmerksamkeit, sind aber insgesamt pflegeleicht.

DER RICHTIGE STANDORT

Achten Sie darauf, dass Ihr Behälter einen freien, sonnigen Standort bekommt, in dessen Nähe sich Strom- und Wasseranschluss befinden.

① Tauchpumpe
② Kunststoffschlauch, der den Pumpenauslass mit dem oberen Behälter verbindet
③ Schlauchende in der Zierpumpe
④ Unterirdischer Stromanschluss für Pumpe und Beleuchtung, wenn diese gewünscht wird
⑤ Windschutz

Pumpen und Brunnen

In vielen Wasserelementen spielt bewegtes Wasser eine große Rolle. Oft ist es sogar der Grund für die Installierung eines solchen Elements, dass man im Garten oder auf der Terrasse sicheres bewegtes Wasser haben will.

Alles, was Sie dafür brauchen, sind eine geeignete Pumpe und ein gewisses Verständnis für Förderleistungen und Filterung. Wenn Sie die Pumpe mit einem Filter versehen, können Sie viel für die Klarheit des Wassers tun. In vielen Fällen sind in handelsübliche Pumpen auch schon einfache Filtereinheiten eingebaut.

Für fast alle kleinen Wasserelemente kann eine Tauchpumpe eingesetzt werden. Tauchpumpen gibt es in unzähligen Formen und Größen. Sie befinden sich normalerweise unter Wasser im Behälter und sorgen dafür, dass Fontäne oder Wasserfall funktionieren. Einige Pumpen machen die Verlegung eines gesonderten Kabels im Boden notwendig. Es gibt aber auch viele Niederspannungspumpen, deren Kabel oberirdisch verlegt werden können. Sie werden in der Regel durch Kabelschutzrohre geführt. Für die meisten kleinen Wasserelemente reichen Niederspannungspumpen völlig aus. Nur wenn beträchtliche Wassermengen bewegt werden sollen, brauchen Sie eine leistungsfähigere, außerhalb des Wassers

KASKADENBRUNNEN
Hier wirkt nur das Wasser, da die Bedingungen für Pflanzen ungeeignet sind.

WASSERGLOCKE
Sanft bewegtes Wasser verträgt sich sehr gut mit Pflanzen.

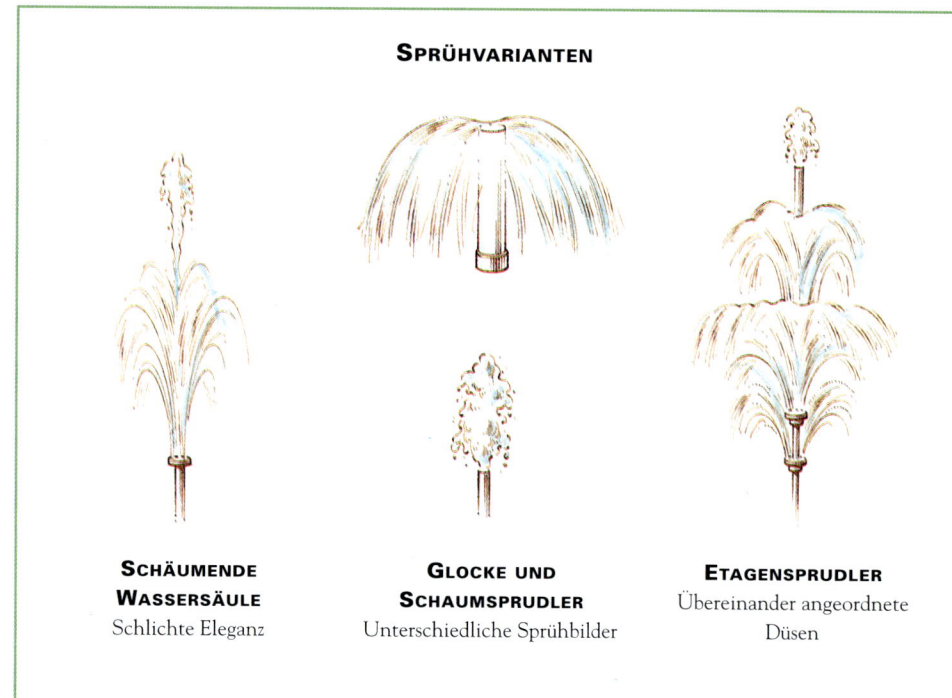

SPRÜHVARIANTEN

SCHÄUMENDE WASSERSÄULE
Schlichte Eleganz

GLOCKE UND SCHAUMSPRUDLER
Unterschiedliche Sprühbilder

ETAGENSPRUDLER
Übereinander angeordnete Düsen

zu installierende Pumpe. Das größte Problem für alle, die ein Element mit bewegtem Wasser anlegen wollen, ist die Verlegung des Stromkabels und wie dieses möglichst unsichtbar gemacht werden kann.

Wenn Sie in einem etwas größeren Behälter eine richtige Fontäne anlegen wollen, gibt es noch eine andere Alternative. Seit einiger Zeit gibt es eine kleine solarbetriebene Fontäne, die ohne Elektrizität auskommt. Dieses Element besteht aus einer kleinen runden Einheit mit eingebauter Pumpe und einem Sonnenkollektor, der auf der Wasseroberfläche liegt. Die Höhe der Fontäne variiert je nach Wetterlage, doch an einem warmen sonnigen Tag kann der Wasserstrahl eine Höhe von 30–50 cm erreichen.

Für welche Art fließenden Wassers Sie sich auch entscheiden, wichtig ist, die Förderleistung richtig zu bestimmen. Bei der Auswahl einer Pumpe sollten Sie immer eine nehmen, die in einem bestimmten Zeitraum etwas mehr Wasser bewegt als erforderlich. Etwas Reservekapazität der Pumpe erlaubt es Ihnen, das Element später auch einmal zu verändern, außerdem muss die Pumpe so nicht immer volle Leistung bringen, was ihre Lebensdauer erhöht.

In punkto Volumen und Förderleistung stellen die meisten kleinen Wasserelemente nur bescheidene Anforderungen. Möglicherweise müssen Berechnungen, die auf Standardgrößen beruhen, angepasst und heruntergerechnet werden. Hier eine einfache Methode zur Bestimmung der Pumpenkapazität für ein Element mit fließendem Wasser. Lassen Sie mithilfe eines Schlauchs Wasser über

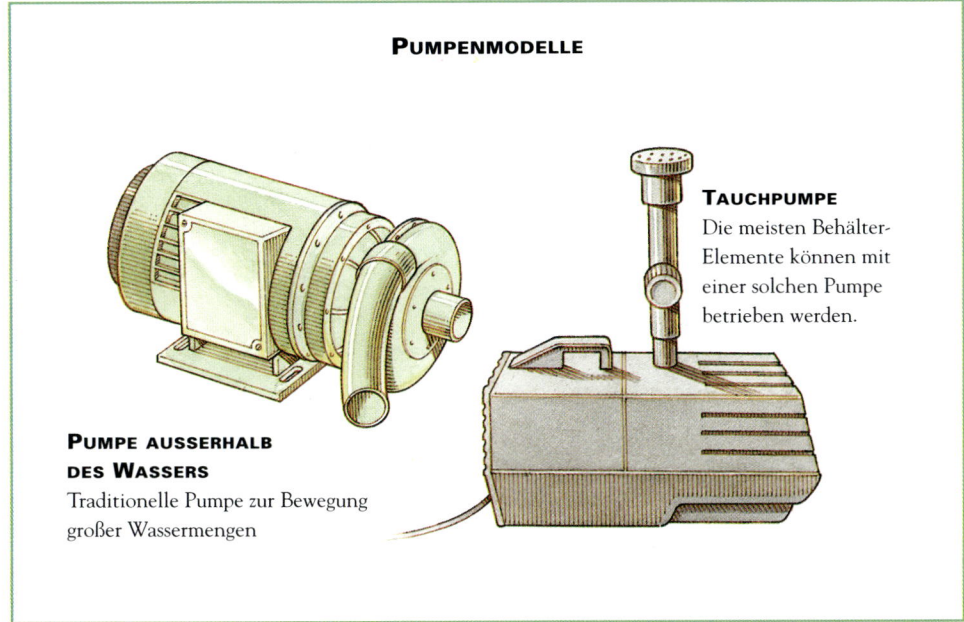

PUMPE AUSSERHALB DES WASSERS
Traditionelle Pumpe zur Bewegung großer Wassermengen

TAUCHPUMPE
Die meisten Behälter-Elemente können mit einer solchen Pumpe betrieben werden.

ein Kaskadenteil o. Ä. laufen, und zwar in der Menge, die Sie später auch haben wollen. Fangen Sie das innerhalb von einer Minute geflossene Wasser auf. Die Menge in Litern wird mit 60 multipliziert, das ergibt die Literzahl pro Stunde, die von der Pumpe bewältigt werden muss, um das gewünschte Ergebnis zu erhalten. Welche Strahlhöhe bei Fontänen möglich ist, wird auf der Verpackung von Pumpen meist angegeben.

Das Erscheinungsbild einer Fontäne hängt natürlich auch vom verwendeten Düsenaufsatz ab. Die Düsen können meist direkt auf den Pumpenauslass geschraubt oder geschoben werden. Es gibt viele verschiedene Formen, darunter auch Düsen, die für einen ständigen Wechsel des Erscheinungsbildes sorgen. Bei den ausgefeiltesten dieser Modelle ist sogar eine Abstimmung mit Licht und Tönen möglich.

BEWEGTES WASSER UND PFLANZEN
Diese schöne Anlage vereint bewegtes Wasser und gut passende Pflanzen.

Reinhaltung des Wassers

Kleine Wasserelemente sind immer schwerer rein zu halten als große Teiche. Bei kleinen Wassermengen führt z. B. ein rascher Temperaturanstieg zu Algenwachstum und Sauerstoffmangel. Im Winter ist es schwierig, Pflanzen am Leben zu erhalten. Die Reinheit des Wassers hängt von einer im Gleichgewicht befindlichen Umgebung ab, die aber erst in einem kleinen Gartenteich zu erreichen ist.

Unangenehme Verfärbungen des Wassers sind nicht immer nur auf Algen zurückzuführen, sondern können auch die physische Manifestation eines Problems sein. Dabei kann es sich z. B. um tote und bzw. verrottende Fische oder Pflanzen handeln, aber auch das Auswaschen von Pflanzsubstrat in das Wasser.

In allen kleinen Wasserelementen kommt es ab und zu zur Grünfärbung des Wassers. Damit das möglichst selten geschieht, sollten Sie der Auswahl des Pflanzsubstrat größte Aufmerksamkeit schenken. Ein Substrat, das reich an löslichen organischen Nährstoffen ist, führt zu extremer Grünfärbung, deshalb sollte normale Gartenerde auf keinen Fall verwendet werden. Spezielle Substratmischungen für Wasserpflanzen enthalten nur ein Minimum an löslichem Dünger, aus diesem Grunde müssen die Pflanzen regelmäßig gedüngt werden, am besten mit Tabletten oder speziellen Beuteln mit Dünger,

FADENALGEN
Diese Algen können die gesamte Oberfläche bedecken.

ALGENENTFERNUNG
Fadenalgen können nur mit der Hand entfernt werden.

der speziell auf die Bedürfnisse von Wasserpflanzen abgestimmt ist und nur langsam abgegeben wird. Wenn Sie nur Unterwasser- und Schwimmpflanzen haben, können diese in gewaschenen feinen Kies gesetzt werden, d.h. der Behälter bleibt ganz erdefrei. Wenn ein oder zwei Fische eingesetzt werden, sorgt ihr Kot gemeinsam mit abgestorbenen Pflanzenteilen für genügend Pflanzennahrung.

Es stimmt zwar, dass in einem kleinen Wasserelement auf Dauer kein natürliches Gleichgewicht erreicht werden kann, allerdings können Unterwasserpflanzen das Problem entschärfen. Sie nehmen überschüssige Nährstoffe auf und verhindern damit das Wachstum von Algen. Dadurch halten sie das Wasser rein.

Ohne natürliches Gleichgewicht kann das Wasser nur mithilfe organischer Algizide zuverlässig rein gehalten werden. Diese wirken besonders gut gegen schwimmende Algen – einige töten sie einfach ab, andere sorgen dafür, dass die Algen und andere abgestorbene Pflanzenteile eine Art Matte bilden und auf den Grund sinken. Das Spektrum verfügbarer Algenbekämpfungsmittel ist riesig, Sie sollten jedoch darauf achten, ein organisches Produkt zu verwenden. Wenn Sie die angegebene Dosierung einhalten, werden Pflanzen, Fische und Schnecken nicht leiden.

Fadenalgen stellen ein anders geartetes Problem dar. Diese auch als Wattealgen bezeichneten Pflanzen können effektiv nur mit der Hand entfernt werden. Ein organisches Algizid tötet sie zwar ab, sie müssen aber trotzdem abgefischt werden, damit der Zersetzungsprozess nicht zu einem Sauerstoffmangel im Wasser führt. Die regelmäßige Entfernung von Fadenalgen sollte daher zum Routineprogramm an Pflegemaßnahmen gehören.

Durch andere Ursachen verschmutztes

Wasser bedeutet zumeist, dass das Element geleert und gereinigt werden muss. Das ist einfach, wenn die Verunreinigung durch einen toten Fisch oder eine abgestorbene Pflanze verursacht wurde. Schwieriger kann es werden, wenn verhindert werden soll, dass wieder Pflanzsubstrat ins Wasser gelangt.

Bei gut zugänglichen Pflanzstellen oder Körben wird durch eine Abdeckung mit feinem Kies verhindert, dass Erde ausgewaschen oder von Fischen aufgewirbelt wird. Wenn diese Methode nicht anwendbar ist, können Pflanzbeutel aus alten Strumpfhosen gute Dienste

leisten. Diese Beutel können gut an schwer zugängliche Stellen gesetzt und entsprechend geformt werden. Das Gewebe lässt nur die allerkleinsten Substratteile durch. Die Pflanzen können durch Löcher eingesetzt werden, die gerade so groß sind, dass sie die Pflanze aufnehmen können. Auch die Wurzeln tragen dazu bei, dass das Substrat im Beutel gehalten wird.

ALGENBEKÄMPFUNG
Achten Sie darauf, dass in Ihrem Behälter immer frisches, sauberes Wasser vorhanden ist.

Fische und Schnecken

Fische können jedes Wasserelement beleben. Allerdings können sie in einigen der kleineren im Winter nicht überleben und auch ein warmer Sommer kann zu großen Problemen führen. Für das Überleben von Fischen ist vor allen Dingen entscheidend, wie viel Wasserfläche zur Verfügung steht. Je größer die Fläche ist, desto mehr Sauerstoff steht zur Verfügung. Ansonsten kann auch ein ausreichend großes Volumen kalten Wassers förderlich für das Wohlergehen der Fische sein. In vielen Behältern sind es unabhängig von der Wasserfläche die großen Temperaturschwankungen in der kleinen Wassermenge, die es nicht ratsam erscheinen lassen, Fische einzusetzen.

Fische sorgen aber auf jeden Fall für zusätzliche visuelle Effekte in einem kleinen Wassergarten. Und auch wenn sie nur wenig für die Herstellung eines natürlichen Gleichgewichts tun können, sind sie doch wertvoll für die Bekämpfung von schädlichen oder lästigen Insekten, vor allem Mückenlarven. Wo eine Haltung von Fischen nicht möglich ist, können dem Wasser im Abstand von einigen Wochen wenige Tropfen Speiseöl zugesetzt werden, das den Mückenlarven das Luftholen an der Oberfläche unmöglich macht und den Pflanzen überhaupt nicht schadet. Sie können auch spezielle Behälter ins Wasser tauchen, die eine Chemikalie an das Wasser abgeben, die die Mückenlarven tötet, ansonsten aber unschädlich ist.

Wenn Sie Fische einsetzen können, sollten Sie immer kleine Exemplare wählen. Fische sind bemerkenswerte Geschöpfe, die sich an ihre Umgebung anpassen, indem sie ihre Größe an dem zur Verfügung stehenden Raum ausrichten. So wird ein Goldfisch in einem relativ kleinen Glas nach vier oder fünf Jahren

AUSWAHL DER FISCHE
Diese Fische sind für Behälter-Wassergärten geeignet.

Shubunkin

Kometenschweif

Blasenauge

BEIM FISCHKAUF BEACHTEN

AUGEN
Müssen hell und klar sein.

FLOSSEN
Müssen aufrecht und unversehrt sein.

KÖRPER
Es dürfen keine Schuppen fehlen.

GESUNDHEIT
Es darf keine Kotspur sichtbar sein.

Gewöhnlicher Goldfisch

Schwarzer Teleskop-schleierschwanz

kaum größer sein als zu Beginn und trotzdem gesund und munter sein. Würde man denselben Goldfisch aber in einen Gartenteich setzen, würde er sehr schnell wachsen und seine Größe innerhalb von sechs Monaten verdoppeln. Wenn Sie Ihren Fischen ein gesundes Leben ermöglichen wollen, sollten Sie von Anfang an nur kleine Tiere verwenden.

Aber nicht alle Fische, selbst wenn sie klein sind, vertragen die Beschränkungen eines Behälter-Wasserelements. Fische, die viel Sauerstoff brauchen, wie z. B. Goldorfe oder Rotfeder, würden schnell eingehen. Goldfisch-

Zuchtformen, vor allem Schleierschwänze und Fächer-schwänze, können eingesetzt werden, wenn es eine Möglichkeit gibt, sie in kalten Gegenden sicher über den Winter zu bringen. Meist schafft schon ein einfaches ungeheiztes Aquarium im Zimmer ausreichende Bedingungen zum Überwintern.

Beim Kauf von Fischen sollte man darauf achten, dass die Augen hell und die Flossen aufgerichtet sind. Die Tiere müssen aktiv und lebendig erscheinen (oft werden die Tiere allerdings nur spärlich gefüttert, sodass sie durch ihr Aquarium schießen und dieses gleichzeitig nicht allzu sehr verschmutzen). Wichtig ist ein sauberer Körper ohne jegliche Anzeichen von Pilzinfektionen und mit vollkommen intakten Schuppen. Der Fisch sollte auch keine Kotspur hinterlassen.

Auch Schnecken können sich in einem Wasserelement als nützlich erweisen. Das gilt vor allem für Posthornschnecken, die einen Großteil der lästigen Fadenalgen fressen, vor allem jene, die sich an den Innenseiten des

Behälters festsetzen. Posthornschnecken haben ein aufrecht auf dem Rücken sitzendes Gehäuse, das rund und seitlich abgeflacht wie eine Scheibe ist. Bei sehr großer Hitze gehen sie oft ein und in sehr fischreichen Behältern werden sie manchmal von den Fischen gefressen. Auf Schnecken mit spitzem Gehäuse oder Süßwasser-Wellhornschnecken sollten Sie verzichten, auch wenn Sie oft für Wassergärten angepriesen werden. Sie fressen zwar Algen, schrecken aber auch vor Ihren Wasserpflanzen nicht zurück.

Fische und Schnecken sind in der Regel pflegeleicht und kommen gut allein zurecht, vorausgesetzt, sie haben genügend Platz und schützende Pflanzen. Bei wenig Platz sollten die Fische allerdings gefüttert werden. Geben Sie im Sommer dreimal pro Woche gutes Futter und zwar immer nur so viel, wie die Fische innerhalb von 20 Minuten auffressen können.

POSTHORNSCHNECKE
Diese Schnecke frisst Algen statt Pflanzen.

Pflegekalender

Kleine Wasserelemente brauchen ebenso viel Aufmerksamkeit wie große Gartenteiche. Die für die Pflege verwendete Zeit ist zwar viel geringer, bestimmte Maßnahmen müssen aber durchgeführt werden, damit alles gut gelingt.

Die im Folgenden für Herbst und Winter gegebenen Ratschläge sind vor allem für Gegenden mit kälterem Klima gedacht.

FRÜHJAHR

Das ist die beste Zeit zur Anlage und Bepflanzung eines Behälter-Wassergartens sowie zur Installation bewegten Wassers, wenn Sie das wünschen.

Bepflanzen Sie schon vorhandene Behälter neu und setzen Sie Fische ein, wenn das möglich ist.

Setzen Sie überwinterte Pflanzen wieder ein, nachdem Sie diese – wenn erforderlich – geteilt haben. Nehmen Sie zu groß gewordene Pflanzen, die draußen geblieben sind, heraus und teilen Sie auch diese.

Düngen Sie gut etablierte Pflanzen, verwenden Sie dazu speziell zusammengesetzten Wasserpflanzendünger in Tablettenform oder in kleinen Beuteln, die neben der Pflanze in das Substrat gedrückt werden.

Fangen Sie mit der Fischfütterung an, wenn es wärmer wird und die Tiere lebhaft umherschwimmen.

SOMMER

Jetzt ist immer noch Zeit zum Pflanzen und zur Anlage eines neuen Elements. Später gesetzte Pflanzen blühen unter Umständen nicht so reichlich wie im Frühjahr gepflanzte, sind aber trotzdem eine Bereicherung. Fische können auch in den Sommermonaten jederzeit eingesetzt werden.

Halten Sie Ausschau nach grün oder anderweitig verfärbtem Wasser und setzen Sie ein organisches Algizid ein, wenn notwendig. Fadenalgen können Sie mit einer Chemikalie bekämpfen, trotzdem müssen die Algen dann mit der Hand herausgenommen werden, damit sie sich nicht zersetzen und den Sauerstoffgehalt des Wassers beeinträchtigen. Putzen Sie abgeblühte Pflanzen regelmäßig aus, indem Sie welke Blüten und Blütenstängel entfernen. Das dient

AUSPUTZEN
Es ist wichtig, welke Blüten regelmäßig zu entfernen.

nicht nur dem Erscheinungsbild, sondern hindert die Pflanze auch daran, ihre Energie für die Ausbildung von Samen zu verwenden. Entfernen Sie auch welke Blätter regelmäßig.

Kontrollieren Sie das Element auf Schädlinge und Krankheiten. Lästige Blattläuse können meist mit einem starken Wasserstrahl beseitigt werden.

VERWENDUNG VON DÜNGERBEUTELN

Um ein Auswaschen der Nährstoffe in das Wasser und Algenblüte zu verhindern, sollten spezielle Beutel mit Wasserpflanzendünger verwendet werden. Entfernen Sie den Schutzstreifen an der Perforation und drücken Sie den Beutel neben der Pflanze in die Erde. Bedecken Sie die Stelle dann mit feinem Kies.

HERBST

Putzen Sie zu Herbstbeginn alle Pflanzen gründlich aus und nehmen Sie diejenigen aus ihren Pflanzbehältern, die im Haus überwintern sollen. Die meisten Wasserpflanzen können erfolgreich über den Winter gebracht werden, wenn sie in tiefe Schalen mit feuchter Erde gesetzt und an einen frostfreien Platz gestellt werden. In wärmeren Gegenden, wo die Temperaturen nicht unter – 5 °C fällt, können die meisten winterharten Wasserpflanzen an Ort und Stelle überwintern.

Die Turionen oder Überwinterungsknospen von Schwimmpflanzen, wie z. B. *Hydrocharis morsus-ranae* (Froschbiss) und *Trapa natans* (Wassernuss) – im letzteren Fall die stachligen Steinfrüchte – überwintern in der Regel auf dem Grund des Behälters. Wenn Sie den Behälter vor dem Winter leeren wollen, sollten Sie einige Turionen in einen mit Wasser gefüllten Eimer legen, auf dessen Boden eine Schicht Erde aufgebracht wurde. So halten sie sich bis zum Frühjahr. Die beschriebenen Methoden sind wichtig, wenn Sie Ihre Pflanzen im nächsten Jahr wieder verwenden wollen. Selbst Pflanzen, die draußen überwintern könnten, profitieren davon, ins Haus geholt zu werden, da sie dadurch im Frühjahr einen Wachstumsvorsprung haben, vor allem, wenn der Frühling draußen auf sich warten lässt.

Behandeln Sie Algen mit einem organischen Algizid. Leeren Sie Behälter, die nicht über den Winter stehen bleiben sollen.

WINTER

Für den kleinen Behälter-Wassergarten ist der Winter nicht die beste Zeit. Es ist zwar möglich, bestimmte Elemente draußen über den Winter zu bringen, dazu gehören u. a. in den Boden eingelassene Bottiche oder Wandbrunnen, der Großteil der Behälter sollte jedoch abgelassen, gereinigt und für den Winter an einen frostfreien Platz gestellt werden.

ÜBERWINTERUNG VON PFLANZEN

ÜBERWINTERUNG VON SCHWIMMPFLANZEN
Legen Sie Überwinterungsknospen in einen Eimer mit etwas Erde und Wasser.

ÜBERWINTERUNG IN ERDE
Setzen Sie die Pflanzen dicht nebeneinander in Schalen oder Kästen mit Erde und stellen Sie diese an einen frostfreien Platz.

Index

Bildnachweis
und Danksagungen

Quarto dankt den folgenden Personen und Institutionen für die Bereitstellung von Fotos für dieses Buch: **The Garden Picture Library:** S. 6 (John Glover), S. 7 (Lamontagne), S. 8 (Ron Sutherland), S. 9 oben (John Glover) S. 10 links und rechts (John Glover), S. 11 links (Donald Ashkan), S. 12 (Steven Wooster), S. 13 (Mayer/Le Scanff), S. 109 (Brian Carter), S. 110 oben und links (Didier Willery); **Jerry Pavia:** S. 11 rechts, S. 92 Mitte, S. 93 rechts; Harry Smith Collection: S. 116, S. 117, S. 118 oben und unten, S. 119, S. 120 oben und unten, S. 121.

Quarto bedankt sich außerdem bei den folgenden Institutionen für die Erlaubnis, dort zu fotografieren: Anglo-Aquarium Plant Company Ltd, London, UK; London Aquatic Ltd, London, UK; Royal Botanical Gardens, Kew, UK. Wir danken auch dem Projektgestalter Ian Howes sowie Sally Roth (USA) und Frances Hutchison (Australien) für die Überprüfung des Pflanzenverzeichnisses.

Der Autor dankt: Jackie Barber, Littlethorpe Nurseries, Ripon, UK; Tropica Aquarium and Water Garden Centre, Moorland Nurseries, Knaresborough, UK; Thirsk Tropical Fish and Water Garden Centre, Thirsk, UK; Oland Plants, Sawley, Ripon, UK.